강한 영어학원 만들기2

이야기로 풀어가는

강한
영어학원
만들기 2

공부방·교습소·학원
창업과 운영의 길라잡이

ⓒ 원용석, 2021

초판 1쇄 발행 2021년 12월 24일

지은이	원용석
펴낸이	이기봉
편집	김혜정
펴낸곳	도서출판 좋은땅
주소	서울특별시 마포구 양화로12길 26 지월드빌딩 (서교동 395-7)
전화	02)374-8616~7
팩스	02)374-8614
이메일	gworldbook@naver.com
홈페이지	www.g-world.co.kr

ISBN   979-11-388-0485-1 (03320)

이야기로 풀어가는

강한
영어학원
만들기 2

공부방·교습소·학원
창업과 운영의 길라잡이

원용석 지음

좋은땅

프롤로그

『강한 영어학원 만들기1』을 출간한지 1년 만에 2권을 출간하게 되었습니다. 1권 출간 후 평가에 대한 두려움이 있었으나 많은 분들이 좋은 평가를 해 주셔서 부끄러운 마음과 감사한 마음이 동시에 들더군요. 그리고 더 잘해야겠다는 책임감도 느꼈습니다.

2권은 1권과 비슷한 콘셉트로 1권에서 못다 한 내용을 담았으며, 열 분의 성공한 학원장 인터뷰를 추가했습니다. 부담 없이 술술 읽히면서도 생각할 거리를 주는, 여러 번 읽을 때마다 다른 느낌이 들 수 있는 내용을 담기 위해 노력했습니다.
또한 학원을 창업하려고 하거나 강해지고 싶은 학원장에게 실질적인 도움이 될 만한 내용을 담았습니다. 이론 속 내용이 아닌, 치열한 현장의 실제 사례들이므로 강한 영어학원을 만드는 데 큰 도움이 될 것으로 믿습니다. 여러 학원장의 희노애락이 생생하게 느껴지는 다양한 이야기 속에서 교훈을 얻고 올바른 길을 찾으셨으면 하는 바람입니다.

제가 학원장님(이 책에서 '학원'이란, 공부방과 교습소를 모두 포함합니다)들께 늘 강조하는 것이 있습니다. 영어 프랜차이즈 본사, 영어 유치원, 외국어 학원, 교습소, 공부방, 지사 운영은 물론 4년간의 영어 프랜차이즈 대표이사 역임 등 25년간 학원업계에서 종사하며 얻은 제 나름의 결론입니다. 그것은 '학원은 생물'이라는 것입니다.

늘 건강한 생물은 있을 수 없습니다. 아무리 건강한 생물이라도 아플 수 있고, 아팠던 생물이 영양분을 잘 섭취하면 건강해지기도 합니다. 그것이 지금 학원이 잘된다고 해서 자만하며 긴장감을 풀 수 없고, 당장은 어렵더라도 훗날 잘되리라는 희망을 가질 수 있는 이유입니다.

1권과 마찬가지로 『강한 영어학원 만들기2』 또한 제가 운영하는 네이버 블로그 '원용석 소장의 강한 영어학원 만들기'를 근간으로 했습니다. 학원 창업 및 운영을 위한 디테일한 학원 실무와 학원장 네트워킹은 필자가 운영하는 국내 최대 영어학원장 커뮤니티&플랫폼인 네이버 카페 '강한 영어학원 만들기'를 이용하시면 많은 도움이 될 것입니다.

필자가 운영하는 카페와 블로그의 개설 취지처럼, 이 책이 가야할 길을 모르거나 길을 잃은 영어학원 관련자분들에게 정확한 방향을 안내해 주는 등대의 역할을 할 수 있기를 소망합니다.

또한 예비 학원 창업자에게는 창업에 대한 근거 있는 자신감을 갖게 하고, 현재 학원을 운영 중인 원장님들께는 강한 영어학원으로 성장함에 있어 조금이나마 도움이 될 수 있다면 필자는 큰 보람을 느낄 것입니다.

차례

Chapter 2

학원장 이야기

Chapter 3 학원 창업 이야기

Chapter 4 학원 운영 이야기

Chapter 5 학원장 인터뷰

Chapter 6 Q&A

Chapter 1.

학원 이야기

◆

영어학원 운영에서 지역적 차이는 있는가?

원장님들과 대화를 하다 보면 학원의 지역적인 차이를 매우 강조하는 경우를 볼 수 있습니다. 우리 지역 학부모는, 우리 지역 학생은 어떻다는 이야기로 주로 부정적인 말들입니다. 결론은 늘 '그래서 나의 학원이 안된다'는 것입니다.

정말 영어학원 운영에 있어서 지역적인 차이가 있을까요?

네, 물론 있습니다. 그러나 그 차이가 생각처럼 크지는 않다고 봅니다. 지역적인 차이가 컸다면 1,000개 이상의 가맹 학원을 가지고 있는 영어 프랜차이즈 본사는 존재하지 못했을 것입니다. 전국에 가맹 학원이 3,000개나 있었던 영어 프랜차이즈 업체도 있습니다.

흔히 학구열의 지역적인 차이를 말씀하십니다. 그러나 일부 지역(교육열이 월등히 높은 지역, 교육열이 월등히 낮은 지역)을 제외하고는 전국적으로 큰 차이가 없다는 것이 저의 의견입니다. 그러니 내 지역의 학생 수준을 굳이 낮게 평가하지 않으셔도 됩니다.

그럼에도 지역적인 차이를 성공과 실패에 영향을 주는 큰 요인으로 생각하신다면 해당 지역에 맞게 학원을 운영하시면 됩니다. 소득 수준이 낮다고 생각하시면 저가 수강료 정책으로 학원을 운영하셔야 합니다. 대신 정원은 조금 늘리시고요. 보강을 좋아하는 지역이라면 토요

일은 아예 보강일로 정하는 방법도 있습니다. 교육열이 낮고 맞벌이 가정이 많아 학생들이 집에서 숙제를 해 오지 않으면 학원에 남겨서 시키면 됩니다. 초등 저학년은 학원을 다니지 않는 지역이라면 미련을 갖지 말고 초등 고학년부터 수강하도록 학원 커리큘럼을 만드시면 됩니다.

물론 처음에 시장 조사를 잘못했거나 학원 콘셉트를 잘못 잡은 경우라면 최대한 빨리 바꾸시는 것이 좋습니다. 아니면 과감하게 학원을 이전하는 방법도 고려할 수 있습니다. 그러나 보통은 학원 이전이 답이 아닌 경우가 상당히 많습니다. 이전해서 오히려 후회하는 경우가 많습니다.

지역적인 차이는 존재합니다.
그러나 그것이 학원 운영 실패의 주된 이유일 수는 없습니다.
오히려 성공적인 학원 운영의 이유가 될 수 있습니다.

◆

학원 벤치마킹

벤치마킹은 현대 경영에서 많이 등장하는 익숙한 용어입니다. 벤치마킹 전략은 후발 주자에게 상당한 효과가 있습니다. 우리나라가 이 전략으로 급성장했고 최근에는 중국이 그렇습니다.

학원 사업도 마찬가지입니다. 강한 영어학원을 따라 하는 전략은 아주 괜찮은 방법입니다. 그러나 강한 영어학원이 자기 주도식으로 학원을 운영하고, 스피킹을 강화한 수업을 하고, 소리 영어를 하고, 원서로 수업을 한다고 해서 무작정 보이는 것만 따라 해서는 안 됩니다. 강한 영어학원이 해당 시스템을 도입한 배경과 운영 철학에 대한 깊은 이해가 우선입니다. 따라 하려면 제대로 따라 해야 히는 것입니다. 그렇지 않으면 분명 나중에 이런 말이 나옵니다.

"우리 동네에는 그 시스템이 맞지 않아."

"해 보니 그 시스템 좋지 않던데?"

"우리 동네 애들하고 학부모는 안 돼!"

따라 하려면 처음에는 모든 것을 따라 해야 합니다.

그 다음에 응용해야 합니다.

◆
초·중·고 모두 가르치는
멀티 플레이 학원은 가능한가?

운동 경기에서 '멀티 플레이어'란, 특정 포지션뿐만 아니라 모든 포지션을 소화할 수 있는 선수를 의미합니다. '올 라운드 플레이어'라고도 합니다. 축구를 예로 든다면 공격수, 수비수, 미드필더 역할을 모두 해낼 수 있는 선수를 의미하고, 야구 경기에서는 1루수, 2루수, 3루수, 유격수 등 다양한 포지션을 소화하는 선수를 의미합니다.

그렇다면 영어학원에서도 초·중·고가 모두 강한 멀티 플레이 학원이 있을 수 있을까요? 멀티 플레이 학원이라고 하면 전문성이 떨어져 보이지는 않을까요?

그러나 실제로 주변을 보면 초·중·고가 모두 강한 영어학원들이 있습니다. 이런 학원들은 크게 두 가지 경우로 나뉩니다.

첫 번째는 초·중등 전문 학원으로 시작했다가 세월이 흘러 재원생들이 성장하면서 자연스럽게 고등부까지 확장하게 되는 경우입니다. 이때 중요한 성공의 포인트는 '학원장 직강'입니다. 학원장이 직강을 하면 고등부까지 확장시킬 수 있지만 강사를 채용하여 고등부를 운영하면 실패 확률이 매우 높습니다. 고등부는 입시 이미지가 중요한데, 초등부부터 강의를 하면 입시 전문이라는 이미지를 주기 어렵기 때문입니다. 이는 고등부 전문 강사를 채용해도 극복하기 쉽지 않습니다. 그러나 학원장이 직접 고등부를 강의하면 이런 약점을 극복할 수 있습니다. 이러한 경우, 아이들이 성장해야 하므로 당연히 고등부까지 확장하는데 일정 기간의 시간이 필요합니다.

두 번째 형태는 학원장이 탁월한 능력의 소유자인 경우입니다. 원장의 교육적인 배경이 좋고 강의 능력까지 탁월하면 빠른 기간 내에 초·중·고등부 모집이 가능합니다.

하지만 여기서 생각할 것이 있습니다. 운동 경기에서 멀티 플레이어는 극히 드뭅니다. 그리고 최상급 톱클래스는 거의 없습니다. 메시, 호날두는 공격수로만 뜁니다. 그들은 수비수로 출전하지 않습니다. 최고의 투수라는 커쇼는 투수만 합니다. 야수 훈련은 전혀 받지 않습니다.

학원 사업도 마찬가지 아닐까요?
전문성이 멀티 플레이 능력보다 훨씬 중요하고,
전문성의 힘은 강력합니다.

◆

바람을 몰고 왔던 안산 영·수 전문 학원

저는 과거에 경기도 안산에서 어학원을 운영했었습니다. 당시 안산 지역은 비평준화 지역으로 전문 학원보다는 내신을 전문으로 하는 전 과목 종합 학원에 대한 선호가 무척 강했습니다. 당시 수강생 2,000명이 넘는 대형 종합 학원이 4개 정도 있었고, 초등학교 2학년만 되어도 전문 학원이 아닌 종합 학원을 다닐 정도니 그 위세가 대단했습니다.

이런 분위기에서 영·수 전문 학원이 혜성처럼 등장합니다. 영어와 수학 두 과목만 강의하면서 전 과목 학원보다 수강료가 높은데도 학원은 급격히 성장했습니다.

이 학원의 급격한 성장에는 크게 두 가지 요인이 있었습니다.

첫째는 학원장에 대한 것으로, 원장님이 안산 지역 대형 종합 학원의 부원장 출신이며, 해당 지역에서 오랫동안 영어를 강의했다는 점입니다. 그래서 독립하기 전부터 이미 원장님에 대한 인지도와 신뢰도가 상당히 높았습니다.

두 번째가 어쩌면 이 학원 성공의 핵심 요인일 것입니다. 강사 전원을 SKY 대학 출신으로 영입하여 이를 적극 홍보한 것입니다. 학부모 상담 시 강사들의 졸업 증명서를 보여주며 확인까지 시켜 줍니다.

그런데 그렇게 잘나가던 학원이 2년 정도가 지나고부터 쇠퇴하기 시작합니다. 이유는 너무 간단했습니다. 학원의 차별화된 강점이 사라졌기 때문입니다. 학생이 점점 늘어나자 더 이상은 SKY 대학 출신으로만 강사진을 구성하지 못한 것입니다.

물론 학원이 쇠퇴한 데에는 다른 이유들이 있을 수도 있습니다. 그러나 이 학원은 전원 SKY 출신 강사진이라는 차별화 요소가 워낙 강했기 때문에, 이 차별화된 약속을 지키지 못한 것이 학원 쇠퇴의 가장 큰 이유라고 말할 수 있을 것입니다. 애초부터 지속적으로 지키기 어려운 학원 차별화 전략이었다고 봅니다.

◆

엄격한 강사 채용 전략

성공적인 학원 운영의 핵심 요소 중 하나는 강사 퀄리티입니다. 이 부분에 매우 큰 강점이 있었다고 생각되는 두 학원을 소개해 드리고자 합니다.(과거 사례이며 현재도 이 전략이 유지되는지는 확인하지 않았습니다.)

첫 번째 학원은 성인 영어학원에서 상당한 위치를 확보하고 있는 파고다어학원입니다. 파고다어학원은 다른 성인 영어학원과 달리 석사 이상의 강사만 채용합니다. 아무리 좋은 이력의 강사라도 학사 출신이면 채용하지 않습니다. 이런 까다로운 강사 채용 기준은 학원 이미지를 좋게 할 수 있습니다. 학원의 좋은 마케팅 요소도 될 수 있고요.

주로 젊은 강사를 선발하는 것도 특징이라고 볼 수 있습니다. 이는 젊은 층 수강생, 특히 대학생을 공략하기 위해서라고 봅니다. 실제로 파고다어학원은 대학생들이 많이 수강하는 것으로 알려져 있습니다. 참고로 대학생이 많아야 낮 시간대 강의실 가동률이 높아져서 학원의 수익 구조가 좋아집니다.

두 번째 학원은 청담어학원 본원입니다. 청담어학원은 강남구 청담동에서 성장한 브랜드로 교포급 강사만 선발했습니다. 해외 유학파가 그리 많지 않았던 2000년대 초반에도 교포급 강사만을 선발했습니다. 외국 대학 4년 졸업 정도로는 만족하지 못했던 것입니다. 청담어학원은 이런 강사진을 강점으로 내세우며 고가 수강료로 학원을 크게 성장시켰습니다.

♦

SDA 삼육어학원

종교적인 이유로 저평가되고, 그로 인해 거부감을 갖는 분들도 많지만 SDA 삼육어학원이 우리나라 영어 교육 및 학원 운영에 미친 영향력은 결코 무시할 수 없습니다. 2000년대에 어학원을 다닌 분들이라면 누구나 SDA 삼육어학원을 들어보셨을 것입니다. 아마 실제로 다녀 본 분들도 꽤 많이 계시리라 생각합니다.

삼육어학원은 '캉스어학원'이라는 브랜드로 주니어 영어 시장에도 진출했었습니다. 서울 신내동(본원으로 알고 있습니다) 캉스어학원의 인기는 대단했습니다. 또한 캉스 프랜차이즈 학원이 되기 위해서는 삼육어학원 재단의 종교를 따라야 했으므로 무교였던 분들이 그 종교를 믿기도 했습니다. 아마 타 종교를 믿던 분들의 개종도 있었겠죠.

선교 목적으로 국내에 들어와 있는 원어민들이 강사였으므로 강사 급여도 매우 저렴했으며, 그로 인한 낮은 수강료는 학원 경영의 강력한 무기가 될 수 있었습니다.

그러나 캉스어학원은 결국 주니어 영어 시장에서 성공을 거두지 못했습니다. 프로그램도 좋고 학원 수강료도 저렴했는데 왜 그랬을까요? 그 이유를 정확히는 알지 못하지만 제가 파악한 실패 요인은 다음과 같습니다.

첫째, 종교적인 이유로 주 4일 수업을 진행했는데 금요일 수업이 없는 것에 대한 학부모들의 거부감이 컸을 것입니다. 지금이야 대부분 주 4일 수업에 큰 거부감이 없지만 2000년대 초반에는 주 5일 수업이나 주 3일이라도 수업량이 많은 것을 선호했습니다.

둘째, 종교에 대한 거부감입니다. 종교를 중요하게 생각하는 부모라면 자녀를 타 종교에서 운영하는 학원에 보내는 것이 부담스러웠겠죠.

마지막으로 교재가 지루하고 재미없다는 의견도 있었습니다. 성인 영어가 아닌 주니어 영어에서 교재가 재미없는 것은 치명적인 약점이 됩니다.

그럼에도 SDA 삼육어학원이 우리나라 영어 교육에 미친 영향력은 매우 크다고 생각합니다. 청크chunk 학습법이라고 들어보셨나요? 청크 학습법을 마치 자신들이 개발한 것처럼 광고하는 주니어 영어 프랜차이즈 업체를 볼 수 있습니다만, 원조는 SDA 삼육어학원입니다. 문법조차 입으로 훈련하는 강력한 학습법인 Oral Drill의 원조도, 패턴 영어 학습법의 원조도 SDA 삼육어학원입니다. 한국에 변변한 영어 교재가 없을 때 학습할 만한 영어 교재 개발을 시작한 곳도 SDA 삼육어학원입니다.

2000년 초부터 등장하여 현재는 우리나라 영어학원 시스템의 대세가 된 랩 스쿨 시스템의 원조도 SDA 삼육어학원입니다. 아마도 이 글을 읽으시는 분들 중 삼육어학원에서 강의를 들으셨던 분들은 기억하실 것입니다. 두 시간 수업 중 한 시간은 영어 회화를 배우는 그룹 수업이고 이 그룹 수업이 끝나면 모두 '랩실'이라 불리는 대강의실로 가서 이어폰을 끼고 듣기를 학습합니다. 이 듣기 학습 시스템이 랩 스쿨의 원조*라고 저는 생각합니다.

* 국내 기준으로 원조입니다. 국외는 제가 알지 못합니다.
또한, 삼육어학원이 독자적으로 시스템을 개발한 것인지 외국에서 이런 시스템을 배워 온 것인지는 모르겠습니다.

◆

학원 강사를 섬겨 대형 어학원 프랜차이즈로, 정상어학원

대형 어학원 브랜드 중 하나인 정상어학원은 학원 초창기부터 '강사에 대한 극진한 내우'라는 확실한 경영 철학이 있었습니다. 강사의 마음을 편하게 해 주고 최고의 조건으로 대우하는 것입니다. 그러니 당연히 좋은 강사들이 모였습니다.

사실, 가끔은 강사의 요구를 들어주기 어려울 때도 있을 텐데 정상어학원은 거의 수용했습니다. 최고의 강사를 확실하게 대우하는 경영 철학으로 정상어학원은 국내 최고의 영어학원 브랜드 중 하나로 성장했습니다. 학원이 성공하기 위해서 확실한 경영 철학이 얼마나 중요한지를 정상어학원이 말해 준다고 생각합니다.

코스닥 상장 후에는 정상어학원의 강사 우대 가치가 약간은 훼손된 듯합니다. 주주의 견제 등으로 오너의 경영 철학을 온전히 실행하기가 쉽지는 않을 것입니다. 주식회사의 단점이지요.

그럼에도 정상어학원은 본받을 요소들이 충분합니다. 이견이 있을 수 있지만, 그래도 저는 정상어학원을 착한 마인드를 가진 국내 최고의 영어학원 브랜드로 꼽고 싶습니다.

IMF, 그리고 이후의 영어학원

저는 1996년도에 영어학원 업계에 입문하여 1997년의 IMF를 겪었습니다. IMF 당시의 영어학원은 어떠했을까요? 그리고 IMF 이후는 어땠을까요?

IMF 시절의 한국은 희망이 없었습니다. 영어학원도 당연히 마찬가지였습니다. 학원 수강생들이 대거 퇴원했습니다. 가장의 실직으로 인한 경제적인 이유 때문입니다. 그래도 영어 과목은 사정이 나은 편이었습니다. 중요 과목이기 때문입니다. 그러나 예·체능 학원은 타격이 상당했습니다.

당시 대부분의 영어학원은 수강료를 인하했습니다. 건물주들도 임대료를 인하해 주는 경우가 많았습니다. 그렇게 영어학원은 버텼습니다. 물론 일부는 학원 폐업을 피하지 못했습니다.

긴 인고의 시간을 지나 마침내 IMF는 끝납니다. 그리고 대한민국 영어학원 역사상 최고의 호황을 맞이합니다. 버텨서 살아남은 영어학원은 그 호황을 맘껏 누렸습니다.

♦

강의식 영어 수업의 미래

2000년대 이전 영어학원의 수업 방식은 대부분 강의식이었습니다. 그러나 2000년 초 랩 스쿨 시스템이 등장한 후, 이제는 강의식 수업보다는 자기 주도식 영어 수업이 대세를 이룹니다. 이는 영어 프랜차이즈 업체를 보면 확연히 알 수 있습니다. 대형 어학원을 제외한 대부분의 영어 프랜차이즈 프로그램은 자기 주도식인 랩 시스템을 기반으로 개발되고 있습니다.

자기 주도식 수업이라는 말은 학원에 부담이 될 수 있습니다. 자칫 선생님의 역할이 크지 않다는 인식을 줄 수 있기 때문입니다. 그러나 이런 걱정과 일부 부정적인 인식에도 불구하고 운영상의 큰 이점으로 인해 자기 주도식 영어 학습은 지속적으로 성장해 왔습니다.

그렇다면 강의식 영어 수업의 미래는 어떻게 될까요?

출산율 저하로 학생 수가 점점 줄어드니 반 편성의 어려움은 더욱 커질 것입니다. 심한 경우에는 레벨이 각기 달라서 한 클래스를 단 한 명의 수강생으로 운영하는 상황도 있을 수 있습니다. 특히 처음 시작하는 신규 학원의 경우에는 더욱 그렇습니다. 이런 경우 몸과 마음이 심하게 지쳐갈 수밖에 없습니다. 그만큼 강의식 수업으로만 학원을 운영하기는 힘듭니다.

그럼에도 현재 훌륭하게 강의식 수업을 진행하고 있는 영어학원을 저는 여러 곳 보았습니다. 학부모들의 강의식 수업에 대한 수요는 변함없습니다. 이 부분이 중요합니다. 그래서 대형 어학원은 강의식 영어 수업을 고집하고 있을 것입니다.

 그렇다면 작은 규모의 영어학원에서는 어떻게 될까요? 어쩌면 강의식 수업이 향후에는 희소성 있는 형태일지도 모릅니다. 희소성이 있으니 자연스레 경쟁력을 갖출 수 있겠지요.

 물론 한계는 있습니다. 강의식 수업의 경우, 현실적으로 강사 1인당 50명 이상의 학생을 가르치는 것은 어렵습니다. 1인 학원에서 50명 이상을 대상으로 강의하려면 주 6일 이상은 강의해야 합니다. 중고등 전문 영어학원의 경우, 교과서별로 반을 다시 편성해야 하는 시험 대비 기간에는 더 많은 어려움이 따릅니다.

 따라서 운영 비용 부담이 적은 1인 학원(교습소, 공부방)은 완전한 강의식 수업을 유지할 수 있겠으나, 그보다 큰 학원 규모라면 강의식 수업과 자기 주도식 수업을 적절히 혼합한 형태로 갈 것이라고 예상합니다.

◆

학원장 워크숍의 추억

제가 학원업계에 발을 들여놓은 시기는 1996년도 11월입니다. 이전에 근무하던 직장 상사와의 인연으로 정철어학원에 입사하게 되었고, 입사 직후 전국 학원장 대상의 워크숍에 참석하게 되었습니다. 전국에서 참석한 원장님은 대략 100분 정도였고, 2박 3일간의 강행군 일정이었습니다.

입사 직후라 저는 학원업에 대해 전혀 모르는 완전 초보였는데, 당시의 워크숍은 학원업을 전반적으로 알 수 있게 해주는 매우 좋은 기회였습니다. 전국에서 모인 원장님들은 연령도, 경력도, 지역도 다양했습니다. 이 워크숍에서는 엄청난 양의 학습과 노하우 공유가 이루어졌습니다. 특히, 본사에서 진행하는 교육 프로그램 외에 전국 원장님들을 통한 정보 및 지식 공유가 무척 흥미로웠습니다. 학생 관리, 학원 홍보, 학부모 상담, 성공 사례 발표 등 아마도 학원 생활 수년은 해야 얻을 수 있을 지식들을 단 2박 3일 동안에 얻었습니다. 직접 경험해 보기는 어려운 다양한 학원 운영 사례를 가까이에서 접하는 매우 귀중한 시간이었죠.

많은 원장님들 중에서도 가장 인상적이었던 한 원장님이 생각납니다. 수업을 마치고 오느라 워크숍에 늦게 도착한 원장님이었는데 겉모습은 무척 평범해 보였습니다. 그분이 우연히 제 옆에 앉게 되어서 제가 말을 걸었습니다.

"원장님, 어디에서 오셨나요?"

"시골에서 왔어예, 양산입니더. 촌에서 와서 아무것도 모릅니더."

제 눈으로 보기에도 많이 순수해(?) 보이셨습니다. 하지만 교육을 받는 원장님의 모습은 상당히 진지했습니다.

"원장님, 학생 수는 몇 명이나 되세요?"

저는 다시 대화를 시작했습니다.

"1,500명 정도 됩니더."

후에 알게 되었습니다. 원장님이 경남 양산 지역에서 대단히 유명한 원장님이신 것을.

"Don't judge a book by its cover!"

이 영어 속담이 떠오르지 않으시나요?

이렇게 저의 첫 워크숍은 양산 원장님 외에도 정말 많은 원장님들을 만나고 다양한 학원 노하우와 사례를 배운 좋은 기회가 되었습니다.

본사 주최 워크숍 등의 기회가 주어진다면 반드시 참가하실 것을 추천합니다. 수업이 있다고 포기하지 마시고 보충을 하더라도 수업 일정을 조정해서 참석하세요. 일단 참가하시면 많은 소중한 것을 배워 올 수 있습니다. 그리고 좋은 동료 원장님을 만날 수 있습니다.

병원과 약국도 의학협회 교육이 있으면 문 닫고 참석하지 않나요? 더 좋은 의사, 약사가 되기 위해 영업을 중단하고라도 참석하는 것일 겁니다. 우리도 마찬가지입니다. 더 좋은 원장이 되기 위해 워크숍 참가에 우선순위를 두십시오.

♦

지역의 강한 영어학원

예전에 이런 말을 들은 적이 있습니다. 종로 불량배들이 변두리 동네로 출장 갔다 얻어맞고 왔다고요. 작은 동네에도 숨은 강자들이 있다는 뜻이겠지요.

2009년 정도로 기억합니다. 주니어 영어학원의 강자 JLS 정상어학원이 프랜차이즈 사업을 시작한다고 하여 사업 설명회에 참석한 적이 있습니다. 세련되고 겸손한 진행에 참 좋은 인상을 받았습니다. 설명회에서 저는 몇 가지 매우 인상적인 내용을 들을 수 있었는데 그중 하나는 '지역의 강한 영어학원'에 대한 것이었습니다.

전국 지역을 하나하나 거론하며 개설 가능 지역을 설명해 주는 시간이 있었는데, 어느 한 지역을 콕 집어 말을 하며 그 지역에는 '○○학원'이라는 지역 강자 학원이 있어서 공략이 쉽지는 않겠으나 최선을 다하겠다고 하는 것이었습니다. 그 말은 들은 저는 이렇게 생각했습니다.

'지역의 강자 영어학원? 정상어학원이 동네 학원을 의식한다? 막강한 브랜드 파워와 탄탄한 영어 커리큘럼을 갖춘 정상어학원이? 겸손일까? 정말 두려워하는 것일까?'

다시 생각해 봐도 무척 의아한 일이었습니다.

이후에 자연스럽게 관찰해 보니 곳곳에 개인 브랜드의 지역 강자들이 존재하더군요. 외곽 변두리 지역에서도 꽤 유명한 영어 프랜차이즈(중소 규모) 학원들이 시장 진입에 애를 먹고 있었습니다. 아마도 지역

주민들 간의 인맥에 의해 배척당하는 현상이 아닐까 생각합니다. 기존 지역 강자 학원의 학원장과 학부모 사이에 탄탄한 인맥이 구축되어 있는 것입니다.

최근에는 부산 지역의 어마어마한 영어학원에 대한 이야기를 들었습니다. 바로 '링구아 학원'입니다. 전국적으로 인지도 높은 유명 영어 프랜차이즈 브랜드들이 이 학원의 기세에 눌려 있는 것 같더군요.

학원업이 아니더라도 지역 강자의 예는 많이 있습니다. 네이버의 경우가 그렇지요. 우리나라에서는 네이버에 밀려 야후가 물러났고 구글이 힘을 쓰지 못합니다.

예전에 까르푸라는 할인점이 우리나라를 휩쓸 기세로 상륙했던 적이 있습니다. 당시 언론에서는 까르푸가 우리나라 유통 시장을 석권한다고 했었습니다. 그러나 이마트가 까르푸를 철수시켰습니다.

간혹 자신이 운영하는 지역에 대형 학원이 들어오면 어쩔 줄 몰라 하는 원장님을 만날 수 있습니다. 학원을 급히 매각할 생각도 하시더군요. 하지만 동네 학원이 전국 브랜드의 유명 영어학원을 이길 수 있습니다. 생존할 수 있습니다. 생존을 넘어 지역의 막강한 학원으로 성장할 수도 있습니다. 네이버처럼, 이마트처럼, 링구아 학원처럼 말입니다.

어떤가요?

한번 도전해 보시겠어요?

핫한 지역의 학부모 성향

아주 핫한 지역의 학부모들에게는 공통적인 성향이 있습니다. 잘나가는 동네의 주민이라는 자부심이 매우 강해서 상대하기 까다롭고, 시간이 지나야만 고개를 숙이며 성숙해진다는 것입니다.

제가 아는 지역 중 과거 영어학원장이나 영어 강사분들이 가장 감당하기 힘들어 했던 지역은 강남 대치동입니다. 대치동은 학부모의 교육적 수준이 높아 학원에서 이를 맞춰 주기 쉽지 않았습니다. 학부모의 요구가 다양하고 수준이 높았으며 항의 방식도 매우 거칠었습니다.

그러나 대치동은 시간이 지나면서 변합니다. 학부모의 수준은 여전히 높지만 학원을 대하는 태도가 세련되게 변했습니다. 예의 있게 학원을 대하고 마음에 차지 않으면 그냥 조용히 퇴원하는 방식. 학원에 전화를 걸어 소리 지르는 그런 모습은 흔치 않아집니다.

이후 경기도 분당이 대치동의 초창기 분위기를 이어받습니다. 까다로우며 때로는 안하무인인 학부모들이 있어 감당하기 쉽지 않습니다. 분당에 산다는 자부심이 지나쳐 예의가 부족합니다. 학부모의 교육 수준은 높으나 경제력은 강남에 비해 떨어지는, 일명 '강남 콤플렉스'가 있었습니다. 학원에 원하는 것이 많고 끈질기게 요구합니다. 시간이 지나며 역시 분당 지역의 학부모들도 성숙해집니다. 용인 죽전 또한 같은 수순을 밟았습니다.

다른 지역도 살펴보겠습니다. 천안에서 가장 핫한 지역인 불당동도 만만치 않다고 들었습니다. 요즘은 신불당동이 더 뜨고 있다고 하더군요. 속칭 '천안의 강남'이라는 곳입니다. 역시 많은 학원장, 강사분들이 힘들어하시더군요. 안타깝게도 이곳의 분위기는 아직 덜 성숙된 것으로 알고 있습니다.

이번에는 부산으로 가보겠습니다. 대표적인 곳이 해운대구일 것입니다. 해운대 지역의 학부모님들도 교육적인 수준과 자부심이 상당히 높다고 들었습니다.

제가 알고 있는 몇몇 지역을 예로 들었습니다만, 아마도 각 지역마다 핫하다는 동네가 분명히 있을 것입니다. 대구의 수성구, 광주의 봉선동, 대전의 둔산동 등. 대부분 해당 지역에서 아파트 가격이 제일 비싼 곳입니다.

이런 지역은 학부모 성향이 까다로워 학원 운영이 쉽지 않습니다. 하지만 어찌 보면 이것은 학부모들이 자녀 교육에 관심이 많고, 그만큼 투자도 많이 한다는 방증이기도 합니다. 따라서 교육열이 낮은 동네보다 영어학원을 운영하기에 더 적합할 수도 있을 것입니다.

♦

시골 영어학원 방문기

개인적으로 시골의 영어학원에 대한 궁금증이 있었습니다.

'읍 단위 학원은 수도권 학원과 많이 다를까?'

그러던 어느 날 기회가 주어졌고, 충청도 지역의 시골 학원을 몇 군데 방문하게 되었습니다.

첫 방문지는 충북에 위치한 학원이었으며, 방문 당시 한겨울이었습니다. 1층에 위치한 학원에 들어서는 순간 제 눈을 사로잡는 것이 있었습니다. 난로였습니다. 학원 한가운데 연탄난로가 있었습니다. 음식점에서 연탄난로를 본 적은 있지만 학원에 연탄난로라니!

당시 원장님 설명으로 30평 정도 되는 학원의 한겨울 연탄 구입비가 월 15만 원이면 충분하다고 하시더군요. 다니는 학생들에 대한 얘기를 나누어 보니 장기 수강생이 무척 많았습니다. 아이들에게 학원이 생활의 일부라는 생각이 들었습니다. 원장님은 학원을 아주 편하게 운영하고 계신 듯했습니다. 여러모로 여유로움이 느껴졌습니다.

장소를 충남으로 옮겨 이번에는 여러 학원을 방문했습니다. 학원 공간과 주거지가 함께 있는 학원이 있더군요. 상가였지만 잠을 잘 수 있는 공간이 있었습니다.

원장님들과 대화를 나눠 보니 대부분은 수도권에서 강의 경험이 있는 분들이었습니다. 그런 분들이 귀향해서 학원을 운영하시더군요. 원장님들은 학원 정보에 상당히 목말라하셨습니다. 수도권 학원 동향 등에 상당히 관심이 큰 것을 느낄 수 있었습니다. 그리고 온라인 프로그램을 선호하셨습니다. 시골에서는 강사 구하기가 어려워 강사 역할을 하는 온라인 수업에 대한 의존도가 크다고 말씀하시더군요.

시골 학원은 수도권 학원과 많이 달랐습니다. 시설 좋은 곳은 찾아보기 힘들었습니다. 그러나 영어 프로그램 퀄리티가 떨어져 보이지는 않았습니다. 그리고 따뜻함이 느껴졌습니다. 수도권에서 치열한 경쟁에 지친 원장님들은 상대적으로 경쟁이 덜한 시골에서 학원을 운영하는 것도 나쁘지는 않을 것 같다는 생각이 듭니다.

♦

참으로 황당했던 강사

지인 원장님 사례입니다. 원장님은 고등부 강사 채용 공고를 내고 한 분을 채용했습니다. 그런데 이 강사가 단 이틀만 근무한 후 개인 사정을 이유로 퇴직했습니다. 특별한 이유도 없는 이른 퇴직에 원장님은 당황했습니다.

그리고 며칠 뒤 강사의 퇴직 이유가 밝혀집니다. 이 강사가 학원의 학생 명단을 이용하여 학부모와 학생들에게 전화를 걸어 개인 과외를 권유한 것입니다. 이는 학부모의 제보를 통하여 파악되었습니다.

네, 이 강사의 목적은 취업이 아니라 학생 명단 확보였던 것입니다. 일부 무책임한 강사의 무단결근 및 퇴직, 인근 학원 개설 등 수많은 사례를 접한 저에게도 이런 일은 처음이었습니다. 참으로 황당한 경우입니다. 막 입사한 강사에게는 학부모 인적 사항을 쉽게 공유해 줄 수 없을 것 같습니다.

영어, 수학이 모두 강한 학원

영·수 학원을 운영하는 원장님들은 영어와 수학이 모두 강한 학원을 꿈꿉니다. 하지만 두 과목 모두 강한 학원은 결코 흔치 않습니다. 보통 영어가 강하면 수학이 약하고 수학이 강하면 영어가 약합니다.

사실 이것은 무척 당연한 현상입니다. 원장이 영어 전문이라면 수학 과목은 강사를 채용해서 학원을 운영해야 하는데, 수학에 대한 이해가 부족하니 전반적인 운영이 쉽지 않습니다. 특히, 수학 강사가 퇴직하면 거의 속수무책의 곤란한 상황에 직면합니다.

그렇다면 이런 생각을 할 수 있습니다.

'부부가 영·수 학원을 운영하는 경우는 모두 강할 수 있지 않을까?'

부부가 영어와 수학을 담당하니 완벽한 조합이라고 생각할 수 있습니다. 하지만 슬프게도 제가 지금껏 경험한 바로는 그렇지 않습니다. 부부가 각자 한 과목씩 전문적으로 담당하여 운영해도 결국 한 쪽으로 기우는 경우가 많았습니다.

이렇게 말씀하시는 경우를 종종 봅니다.

"제가 강의하는 영어는 강한데, 남편(혹은 아내)이 강의하는 수학은 약해요!"

이것은 어쩌면 상대적인 비교에 의해 고착화된 이미지일 수 있습니다. 다시 말해 '수학이 약한 것이 아니고 영어가 강한 것'이라는 이야기입니다. 영어가 강하니 상대적으로 수학이 약하게 보이는 것이고 이런 상황이 학원장 본인과 학부모들에게 고착화된 이미지를 준 것이 아닐까요? '저 학원은 영어는 잘 가르치는데 수학은 별로야!'라는 이미지 말이죠.

"첫째는 조용한데, 둘째는 아주 개구쟁이예요!"

자식을 키우다 보면 이런 비교를 흔히들 합니다. 하지만 실제로는 늘 조용한 아이도, 늘 개구쟁이인 아이도 없습니다. 정도의 차이일 뿐 아이들은 조용할 때도 있고 까불 때도 있습니다. 이렇듯 비교는 극단적으로 표현되기 마련입니다.

학원도 마찬가지입니다. 우리 학원은 영어는 강한데 수학이 약하다는 고정관념을 스스로 갖게 되니 이것이 학원 경쟁력을 약화시키는 것입니다. 학원 스스로 한계를 설정한 것입니다.

저의 주장이 얼마나 설득력 있게 들릴지 모르겠습니다. 그러나 한 번쯤 뒤집어서 생각해 볼 필요는 있을 것입니다. 수학이 약한 것이 아니라 영어가 무지 강한 것이다! 그러니 수학 과목 관계자(?)의 기를 죽이지 말자!

자, 수학 강사님, 이제 어깨를 펴세요!

♦

리양의 'crazy 영어 학습법'을 아시나요?

2000년대 중반쯤 국내 매스컴에도 소개될 만큼 크게 인기를 끌었던 영어 학습법이 있었습니다. 바로 중국인 리양 선생의 'crazy 영어 학습법'이었습니다. 중국에서 선풍적인 인기를 끈 crazy 영어는 국내에도 상륙하였습니다. 제가 아는 바로는 학습법이 매우 간단했습니다. 크게 소리 지르며 영어를 공부하는 것입니다. 그냥 큰 소리 정도가 아니라 아주 고함을 지르면서 공부합니다. 그래서 'crazy'라는 이름을 얻었습니다.

당시 국내 한 업체가 리양 선생과 제휴하여 프랜차이즈 사업을 시작했습니다. 그러나 국내에서 그리 큰 성공은 거두지 못했습니다. 큰 기대를 가지고 가맹한 학원들은 어려움에 처하고 말았습니다. 큰 소리로 공부하는 영어 학습법은 틀림없이 효과적이었으나 프랜차이즈 사업을 전개할 만큼 탄탄한 교재 라인업은 갖추지 못한 것이 실패의 원인이라고 봅니다.

인기는 한순간입니다.
단단한 내공과 지속성이 없으면 결국은 밑천이 드러납니다.
특정 트렌드를 지나치게 겨냥한 커리큘럼도 위험할 수 있습니다.
트렌드는 늘 바뀌기 때문입니다.

♦

스피킹에 대한 영어학원의 도전

'입이 트이는 영어!'

이런 슬로건으로 스피킹 전문 영어학원임을 강조한 영어 프랜차이즈가 적지 않게 있었습니다. 물론 개인 영어학원의 도전도 꾸준했습니다. 말하기를 학원의 차별화 요소로 내세운 것은 당연하고요. '이 땅에 영어가 될 때까지!' 라는 거창한 슬로건을 내세운 프랜차이즈 업체도 있었습니다.

1990년대에는 스피킹을 강화하고자 전원 원어민으로 강사진을 구성한 학원들이 많았습니다. 원어민 강사들이 영어로만 수업을 하면 입이 트일 것으로 생각한 것입니다. 그러나 성공하지 못했습니다.

이렇게 원어민 강사의 한계가 드러나자 멀티미디어를 활용하고, 오럴 드릴oral drill을 강조하여 어순 감각을 익히게 하고, 말하기에 최적화된 영문법을 강조한 업체도 있었습니다. 그러나 성공한 사례는 거의 없습니다.

여러 프랜차이즈의 실패 이후, '입이 트이는 영어'라는 한국인의 숙원을 해결해 줄 것이라며 큰 기대를 모은 주니어 영어학원이 2000년도 초반에 등장합니다. 역시나 분원을 개설하는 지역마다 수강생이 구름떼처럼 몰려들었습니다. 학원 당 1,000명의 수강생은 기본이더군요. 이 영어학원이 그토록 학부모들의 기대를 모았던 이유는 무엇일까요?

우선, 강사 전원이 원어민이라는 강점이 있었습니다. 그러나 그동안의 실패 사례가 워낙 많으니 이것만으로는 인기의 이유에 대한 설명이 되지 않지요.

이 학원은 그동안 원어민 강사의 약점이었던 커리큘럼을 보완했습니다. 원어민들이 양질의 원서를 교재로 활용하여 수업을 한 것입니다. 이 학원을 설립한 회사의 모태가 영어 원서 등 외국 서적 유통을 담당한 출판사였기에 이것이 가능했습니다.

'원어민 강사와 영어 원서의 만남!'

시장 반응은 엄청났습니다. 마침내 스피킹을 해결해 줄 완벽한 조합이 나타났다고 생각했습니다. 그러나 안타깝게도 이 영어 브랜드는 지금 거의 보이지 않습니다. 사라진 이유는 간단합니다. 이 학원을 오래 다녀도 학생들의 스피킹이 기대만큼 늘지 않았습니다.

또 다른 프랜차이즈 업체가 도전합니다. 이 업체 역시 이전 회사와는 다른 차별화를 시도합니다. '원어민보다 더 뛰어난 강사는 교포다!'라는 차별화로 영어학원 시장에 진입합니다. 원어민 수준의 영어 실력을 갖추었으면서도 한국인을 잘 이해하는 교포로 강사진을 구성한 것입니다. 클래스도 4~5명 소수 정예를 유지했습니다. 소수 정예반을 교포가 지도하니 시장의 반응이 상당했습니다.

그러나 역시 성공하지 못합니다. 학생들의 스피킹은 늘지 않았고, 교포 급여는 높은데 소수 정예제로 운영하니 수지 타산이 맞지 않았기 때문입니다. 급조된 빈약한 콘텐츠도 문제였습니다. 이 프랜차이즈 학원은 스피킹을 강화하고자 스피킹 교재 위주로만 수업을 했습니다.

그러나 스피킹 교재만 학습한다고 영어 스피킹이 늘까요? 그밖에도 적지 않은 업체들이 등장했고, 지금은 대부분 사라졌습니다.

4대 영역 학습 영어, 소리 영어, 원서 영어 등 현재도 다양한 영어 티칭 유형이 있습니다. 그러나 저는 스피킹 유형의 티칭 결과에 대해서는 회의적인 입장입니다. 유학이나 어학연수 등 향후 충분히 말할 수 있는 기회를 만났을 때 말이 쉽게 터질 수 있도록 밑거름을 더하는 정도로 학원의 역할을 설정해야 한다고 봅니다. 제 경험상 스피킹은 학원의 프로그램만으로는 한계가 있고, 많이 말하려고 스스로 노력하는 학생만 어느 정도 효과를 보더군요.

너무 회의적인 글이 되었네요. 혹시라도 내가 도입하려는 스피킹 프로그램에 대한 지나친 기대를 갖지는 않았으면 하는 바람으로 글을 썼습니다. 또 학부모와 성급한 약속을 하지 말라는 바람도 있고요.

◆
아름다운 동행, 청주 영어 전문 학원

이 학원의 설립 시기는 1995년경으로 알고 있습니다. 설립자는 원래 컴퓨터 학원을 운영하였으나 시대의 흐름에 맞춰 영어 전문 학원으로 업종을 전환했습니다.

설립자는 영어학원에 대해서는 문외한이라 급여 원장을 채용했습니다. 그런데 이 조합이 아주 좋았습니다. 최근 소식은 모르겠으나, 불과 몇 년 전에도 이 급여 원장님이 여전히 근무하고 계시더군요. 무려 20년을 넘게 근무한 것입니다. 이직이 잦은 학원업계에서는 정말 이례적인 일입니다. 설립자분은 이사장이라는 직함으로 여전히 자리하고 계셨습니다.

현재 이 영어학원은 지역 대표 학원입니다. 학생이 400명이 넘는 것으로 알고 있습니다. 프랜차이즈 영어학원으로 운영되고 있지만 본인들 스스로 영어 콘텐츠를 개발해서 이를 전국에 공급하고 있습니다. 학원 운영에만 만족하지 않고 전국 규모의 콘텐츠 공급 사업도 한 것입니다. 그리고 그 콘텐츠는 만만치 않은 인기를 끌었습니다.

이것은 뛰어난 비즈니스 감각의 이사장과 교육 철학이 뚜렷한 급여 원장의 이상적인 만남이 있었기에, 그리고 그 관계가 오랜 기간 잘 유지되었기에 가능했다고 봅니다.

인간관계에서 만남보다 관계 유지가 훨씬 어려운 법인데 20년 이상한 학원에서 함께 근무한 것은 참 대단한 일입니다. 한 지역에서 20년 이상을, 그것도 대형 규모를 유지하면서 학원을 운영하는 것은 결코 쉽지 않았을 것입니다. 비즈니스 감각이 뛰어난 이사장님이었으니 아마도 수학 과목 추가에 대한 고민도 여러 번 있었을 것입니다. 그 외에도 얼마나 많은 고민과 연구를 했을까요?

그리고 아마도 가장 어려운 것은 두 분의 관계 유지가 아니었을까 생각합니다. 학원이 성장하면 보통은 욕심이 생기기 마련입니다. 내 몫에 대한 욕심이 생기면서 갈등이 발생합니다. 이 두 분은 그런 어려움을 모두 극복한 것입니다. 참 대단한 분들 아닌가요?

일부 학원장들이 이 학원에 대해 좋지 않은 평가를 하는 것을 몇 번 들은 적이 있습니다. 교육자라기보다는 장사꾼 같다는 비난이었습니다. 제가 듣기로는 별 설득력이 없는 말들이었습니다. 학원은 교육적인 마인드만 가지고는 성공적으로 운영하기 어렵습니다. 서비스 마인드, 즉 영업적인 마인드와 탄탄한 교육 철학이 균형을 이룰 때 훨씬 강한 학원으로 자리매김할 수 있습니다.

이 학원은 강한 영어학원임을 충분히 보여주었다고 생각합니다.
그것도 엄청나게 강하다는 것을.

편의점과 학원

편의점은 제가 주의 깊게 관찰하는 대상입니다. 시장 상황에 맞춰 진화하는 매우 모범적인 곳이라고 생각하기 때문입니다.

과거의 편의점은 24시간 영업하는 것만이 동네 슈퍼와의 차이점이었습니다. 그런데 지금은 완전히 다릅니다. 판매하는 물품의 종류가 매우 다양해졌습니다. 치킨도 팔고, 겨울에는 어묵도 팔고, 언제부턴가는 택배 서비스도 하고, 또 원두커피도 팝니다. 최근에는 쿠팡 등 이커머스E commerce와 협업할 것이라고 하더군요.

이마트나 홈플러스 같은 대형 할인점은 이 커머스를 경쟁 상대로 보고 대결하지만 편의점은 협업을 선택했습니다. 중복되는 판매 물품이 있음에도 그렇습니다. 택배 서비스는 편의점이 워낙 전국에 많기 때문에 가능한 일일 겁니다.

편의점이 진화한 이유는 간단합니다. 편의점 숫자가 늘어나며 경쟁이 치열해졌기 때문입니다. 그래서 매출을 늘리기 위해 상품들을 개발한 것입니다. 그리고 경쟁보다는 협업을 선택한 것입니다.

예전에 이런 생각을 한 적이 있습니다. 편의점보다 학원 숫자가 더 많을 텐데, 학원도 편의점의 생존 전략을 배울 수 없을까? 택배 서비스를 학원에서 할 수는 없을까? 여행사 지점으로서의 역할을 할 수 없을까? 학원과 연관된 교육 사업은 더 쉽지 않을까? 예를 들어 유학원 지점 등의 역할 말이죠.

편의점의 치열한 경쟁 환경, 학원 시장과 비슷하지 않나요?

학원은 할 수 없을까요?

한번 도전해 보고 싶은 마음이 듭니다.

♦

대형 어학원의 성공에는 타당한 이유가 있다.

과거 학원 운영에 어려움을 겪는 원장님들을 도와주려는 마음으로 성공한 학원을 견학시켜 준 적이 있었습니다. 그런데 가끔은 전혀 예상하지 못한 반응에 당황하게 됩니다.

"뭐 별거 없네."

"지역을 잘 잡았네."

이런 식의 반응입니다.

이 대목에서 저는 세계적인 가전 회사 필립스의 유명한 광고 카피가 생각납니다.

'작은 차이가 명품을 만듭니다.'

성공한 학원을 방문한 분들은 뭔가 획기적인 학원 운영 노하우나 커리큘럼, 콘텐츠를 기대하셨을지 모르겠습니다. 그래서 실망이 매우 컸을지도 모르죠.

그러나 그 학원들이 별다른 이유 없이 성장하고 대형 어학원이 됐을까요? 더욱이 전국 규모의 대형 어학원 프랜차이즈는 강력한 경쟁력 없이 그렇게 성장할 수 없습니다.

학원의 성장을 위해서는 작은 차이를 찾으려고 노력하는 것이 좋은 선택일 것입니다. 그것이 강한 영어학원으로 갈 수 있는 학원장의 마인드입니다.

♦

학원의 성장과 시선들

1인 학원인 공부방이나 교습소에 학생이 늘어나 학원으로 확장하면 종종 듣는 말이 있습니다.

"거기 변했어!"

"아이들 늘어나더니 우리 애한테는 신경도 안 써!"

"거기 너무 상업적으로 변한 거 아냐?"

한마디로 초심을 잃었다는 부정적인 이야기입니다. 초심을 잃지 않고 최선을 다해 학원을 운영했다고 생각하는데 이런 비난의 소리를 들으면 학원장은 크게 상처받을 수 있습니다.

그럼 이런 부정적인 시선은 합당한 것일까요?

네, 그럴 수도 있습니다. 학원이 성장하면서 학원장이 거만해질 수 있습니다. 아니면 수업이 늘어나며 관리가 소홀해지거나 피로 누적으로 수업의 퀄리티가 떨어질 수도 있을 것입니다.

그러나 대부분의 경우는 고정관념에 의한 잘못된 인식이라고 생각합니다. 일반적으로 사람들은 사업이 성장하면 상업적으로 변한다는 고정관념이 있습니다. 학원 사업도 그 고정관념에서 자유롭지 못합니다.

학원에서 특강을 하면 이렇게 받아들이는 분들도 있습니다.

'돈 욕심으로 특강을 하는구나!'

학원에서 하는 모든 것을 색안경을 끼고 바라봅니다. '상업적'이라는 프레임에 모든 것을 가둬 버립니다. 이런 경우라고 판단되면 아예 무시하세요. 경청해야 하는 현장의 소리라고 생각하지 마세요. 마음 상하지 말고 설득하려고도 하지 마세요. 보통은 우리 학원을 사랑하지 않거나 잘 모르는 사람들이 거리낌 없이 부정적인 의견을 쏟아냅니다. 원래 지나가는 객들이 말이 많습니다. '장님 코끼리 다리 만지기 식'의 생각을 가진 사람들의 말에 상처받을 이유가 없습니다.

학원이 성장하면 반드시 이런 부정적인 소리들이 들립니다. 선입견이나 고정관념에서 나오는 근거 없는 말은 아예 무시하는 것이 강한 영어학원으로 가는 길입니다. 강한 영어학원으로 가기 위해 멘탈 관리는 매우 중요하기 때문입니다.

◆
대형 어학원은 어떻게 탄생했는가?

한국의 대형 어학원은 어떻게 탄생했는지 그 시작을 알아보겠습니다.

1. JLS 정상어학원

대치동에서 주부 학원으로 시작했습니다. 후에 대상을 주니어로 바꾸면서 꾸준히 성장했습니다.

2. 청담어학원

청담동에서 처음부터 큰 규모로 시작한 것으로 알려져 있습니다. 강사 채용 기준이 매우 엄격하여 교포 수준의 강사들만 채용했으며 수강료도 고액이었습니다.

3. 최선어학원

최선어학원도 대치동에서 시작했습니다. 처음에는 성문 영어 교재를 사용하는 등 학원만의 특화된 교재를 사용하지는 않았습니다. 학원 이름 그대로 최선을 다해서 학생들을 지도했습니다.

4. 토피아

서울 중계동에서 시작되었습니다. 토플과 유토피아를 합성하여 토피아로 이름 지어졌습니다. 학원의 정체성을 학원 이름으로 알려주는 것입니다. 7명의 과외 학생을 가르치던 창업주가 현재의 토피아로 성장시켰습니다.

5. 아발론

분당에 위치한 CIE라는 성인 영어학원으로 시작했습니다. 성인 어학원 시절에는 상당한 어려움을 겪었으나 주니어로 학원의 방향을 바꾸면서 급성장했습니다.

6. Yes 영도어학원

지금은 잘 안 보이는 Yes 영도어학원은 출판사로 시작했습니다. 출판사 출신답게 탄탄한 콘텐츠와 전원 네이티브 강사라는 차별화로 한때 대한민국 영어학원계를 휩쓸었습니다.

7. 폴리어학원

경기도 일산에서 시작되었습니다. '리터니 전문 어학원'이라는 확실한 차별화로 시장에 진입했습니다.

대형 어학원도 시작은 작았습니다. 그러나 시장의 수요를 잘 파악하고 차별화에 성공하여 현재의 대형 어학원으로 성장했습니다. 영어 시장의 급속한 성장 등 운도 매우 좋았다고 봅니다.

하지만 현재의 시장 상황을 고려하면 앞으로는 소형 어학원이 전국 규모의 대형 브랜드로 성장하기는 쉽지 않으리라 생각합니다.

♦

이젠 끝났어!

1996년도에 학원 사업에 입문했으니 벌써 적지 않은 시간이 흘렀습니다. 그 기간 동안 저는 이런 얘기들을 꾸준히 들어 왔습니다.

'번역기 때문에 이제 영어학원은 끝났어!'

'랩 스쿨은 이제 끝났어!'

'공부방은 이제 끝났어!'

'블로그는 이제 끝났어!'

외부 환경은 학원이 통제할 수 없는 영역입니다. 그래서 더 공포를 느끼는 듯합니다. 특히, 언론에서 인구의 감소, 학생 수의 감소 등 수치와 통계에 근거한 보도가 나오면 더욱 두려워합니다. 그러나 위에서 예를 든 극단적인 결과는 아직까지 나오지 않았습니다. 영어학원, 랩 스쿨, 공부방, 블로그가 끝났나요? 전혀 그렇지 않습니다. 외부 환경을 관찰은 해야 하지만 너무 민감하게 반응할 필요는 없습니다.

원장님을 힘 빠지게 하거나 두렵게 하는 외부의 부정적인 말들이 있나요? 크게 신경 쓰지 않아도 됩니다. 나만 잘하면 됩니다.

AI 시대에도, 인구가 줄어들어도,

나만 잘하면 강한 영어학원이 될 수 있습니다.

◆ 학원 근처 라면집

과거 강남의 성인 어학원 직원으로 근무할 때, 매일 아침마다 가는 라면집이 있었습니다. 당시 영어 공부를 위해 6시 새벽반 수업을 듣고 8시에 수업이 끝나면 늘 이곳에서 아침으로 라면을 먹었습니다. 라면이 정말 맛있었고 주인아주머니 인심이 후하셔서 밥도 공짜로 먹을 수 있어 참 좋았습니다.

라면 가게의 규모는 상당히 작았습니다. 아마 5평이나 되었을까요? 건물의 지하 자투리 공간을 활용하여 영업하는 것으로 보였습니다. 가게는 작았지만 손님은 늘 많았습니다.

주인아주머니와 친해지면서 이런 저런 대화들을 많이 나눴습니다. 아주머니는 남편이 사업을 하다 실패해서 창업에 나섰다고 했습니다. 워낙 작은 상가에 개업해서 걱정이 많았는데 학원 수강생들이 많이 이용해 줘서 장사가 잘 된다고 하셨습니다. 그래서 학원에 늘 고마운 마음이라고 말씀하시더군요. 20년이 지난 지금도 주인아주머니 얼굴이 또렷하게 기억납니다. 참 행복하게 라면을 먹었던 기억도 납니다.

과거 대치동 정상어학원 근처에도 작은 떡볶이집이 있었습니다. 그집 떡꼬치가 정말 맛있었습니다. 장사가 참 잘됐습니다. 대부분은 정상어학원 학생들과 학원 강사분들이었습니다. 이외에도 건물에 큰 학원이 있어 분식집 창업을 결정했다는 분도 뵌 적이 있습니다.

학원이 잘되면 덩달아 잘되는 인근 사업체들이 있습니다. 이 또한 지역 사회에 조금이라도 기여하는 것 아닐까요? 강한 영어학원이 되어야 하는 또 다른 이유입니다.

♦

학원가의 불청객들

학원을 운영하다 보면 가끔은 불청객을 만나게 됩니다. 물건을 사 달라고 오는 분들도 있었고, 전직 형사 출신임을 거론하며 돈을 요구하는 사람도 경험한 적이 있습니다. 이런 경우에는 판단이 비교적 쉽기 때문에 곧장 대처할 수 있습니다.

그런데 대부분의 사람들이 완전히 속는 경우가 있는데, 바로 소방관을 사칭하는 경우입니다. 소방관 복장을 한 사람이 소방 점검을 나왔다며 소화기를 검사한 후 소화액이 굳었다며 소화기를 사라고 요구하는 경우, 경험이 없는 분들은 거의 대부분 소화기를 구매합니다.

그러나 현직 소방관은 절대로 소화기 구매를 종용하지 않습니다. 심지어 관련 업체 전화번호도 알려 주지 않습니다. 이들은 소화기를 팔려는 소화기 판매업자입니다.

학원장을 상대로 상습적으로 사기 행위를 한 할머니도 있었습니다. 손자의 입학 상담을 왔다며 상담을 받은 후 지갑을 놔두고 왔으니 택시비를 빌려 달라고 하는 수법입니다. 많은 원장님들이 이 할머니에게 돈을 주셨습니다.

학원은 다른 업종에 비해 접근이 쉬워 참으로 다양한 불청객들이 있으니 잘 판단하여 대응하세요.

수강 목적이 아니었던 학부모의 상담 방문

운영하던 외국어 학원을 정리하고 교습소를 개원했을 때입니다. 개원 직후 우수한 초등 4학년 학생이 입학했습니다. 정말로 우수한 아이였습니다(이 학생은 후에 용인외고를 거쳐 서울대학교에 입학했습니다).

그 학생의 어머니는 등록을 하며 저에게 이런 약속을 요구했습니다.

"우리 ○○가 이곳에 다닌다는 얘기를 주위에 하지 말아 주세요."

어머니는 사람들의 구설수에 휩쓸리는 것이 싫다고 하셨습니다. 저는 약속을 철저히 지켰습니다. 그러나 제가 말 안 해도 결국 다 알게 되더군요. 주위에 소문이 다 퍼졌습니다.

그러던 어느 날 한 학부모가 상담을 왔습니다. 막 이사 와서 동네를 잘 몰라 주변 소개를 받고 왔다고 하시더군요. 그런데 이 어머니, 좀 이상했습니다. 입학 상담을 하던 중 옆 상가에서 저를 급하게 찾아 제가 아주 잠깐 자리를 비웠습니다. 그 잠깐 사이에 이 어머니가 학원의 모든 교재를 펼쳐 놓고 노트에 뭔가를 열심히 적고 있더군요. 참고로 당시 책장은 저의 뒤편에 있었습니다. 제 의자를 밀치고 들어가야 해서 쉽게 안쪽으로 들어올 수 없었습니다. 한마디로 책장을 뒤질 생각을 하기가 힘든 구조입니다. 그런데 이 어머니는 의자를 밀치고 들어와서 모든 교재를 꺼내 펼쳐 놓고 있던 것입니다.

그리고 며칠 후, 그분으로부터 전화가 왔습니다. 곧 등록할 것이라고 하면서 단어장을 포함하여 자신의 아이에게 맞는 영어 교재를 좀 추천해 달라고 하더군요. 등록 전에 미리 예습을 하고 싶다고 했습니다. 저는 영어 단어장과 교재를 추천해 줬습니다. 하지만 이분은 결국 등록하지 않았습니다.

그 어머니의 방문 목적을 친한 학부모님을 통해 나중에 알게 되었습니다. 학원의 영어 교재를 알고 싶어서 방문했던 것입니다. 영어 학원뿐만 아니라 수학 학원도 그렇게 방문했다고 합니다. 학원을 소개해 달라고 해서 소개해 줬는데 이 어머니가 이런 행동을 하여 마음이 불편한 학부모님들이 많다고 하더군요.

이 어머니는 왜 그랬을까? 아마도 경제적인 이유였으리라 생각합니다. 자식에게 좋은 교육적 여건을 마련해 주고 싶었으나 경제적으로 여의치 않으니 이렇게라도 자식을 도와주고 싶었던 것 아닐까요? 처음에는 얄미운 생각이 들었지만 학원장이 아닌 학부모의 입장이라면 이 학부모가 밉지 않습니다. 그렇게 하는 마음이 편했을까요? 부디 아이가 훌륭히 성장했기를 희망합니다. 지금은 27살이 되었겠네요.

◆

퇴원생 없는 학원이 강한 영어학원?

"최초로 퇴원생이 발생했어요!"

학원 운영 경험이 적은 원장님들이 가끔 이런 말을 하며 자신의 부족함을 탓하고 괴로워합니다. 이것은 정말 바람직하지 않습니다. 저는 강하게 말씀드리고 싶습니다.

"퇴원에 크게 상심하면 학원 못합니다!"

퇴원 발생 없는 영어학원이 있을까요? 운영 기간이 짧은 신생 영어학원이 아닌 한 불가능합니다. 물론 퇴원 발생이 적은 학원은 있습니다. 그러면 이런 학원이 강한 영어학원일까요? 반드시 그렇지는 않습니다.

퇴원생이 거의 발생하지 않는데 학생이 늘지 않는 학원도 많이 봤습니다. 신입생이 없어서입니다. 학원이 장기 수강생에 만족하면 신입생 모집이 잘 되지 않습니다. 재원생에게만 집중하기 때문입니다. 이런 학원은 성장하기 어렵습니다.

또한 장기 수강생이 많고 퇴원이 거의 없는 학원은 긴장감이 떨어집니다. 학원장, 강사, 학생이 너무 친한 사이가 되어 서로를 쉽게 용서합니다. 용서하는 것은 좋은 것 아니냐고요? 비즈니스 세계에서는 그렇지 않습니다. 학원에서 서로를 용서하면 어떤 일이 벌어질까요? 선생님은 수업 중에 전화도 받고, 카톡도 하고, 숙제 검사도 대충 할 수 있습니다. 학생들이 문제 삼지 않을 것을 알기 때문입니다. 학생들은 수업 중에 떠들고 숙제도 성의 없게 합니다. 선생님이 봐줄 것을 알기 때문입니다.

사람은 너무 오랫동안 함께하면 긴장감이 떨어집니다. 신입생이 들어올 때 선생님은 어떤 감정이 드나요? 지금 한번 생각해 보세요. 신입생 한 명만 클래스에 들어와도 선생님은 긴장합니다. 베테랑 학원장도 마찬가지입니다. 수업 준비를 더 철저히 하게 되고, 학생을 의식하며 수업을 진행합니다. 같은 클래스의 아이들에게도 긴장감을 줄 수 있고 분위기도 전환됩니다. 당연히 학원의 경쟁력은 높아집니다. 학원에 활력이 도는 것입니다.

학원에서의 퇴원과 신입은 인체의 세포와 같습니다. 세포는 계속해서 생성과 사멸을 반복하며 인체를 건강하게 유지해 줍니다. 퇴원이 있어도 너무 슬퍼하지 마세요. 새로운 세포인 신규 모집에 집중하세요. '퇴원 없었으면 지금 우리 학원은 몇 명일 텐데' 라며 아쉬워하지 마세요. 일정 비율의 퇴원은 학원을 강하게 만들어 주는 요소일 수 있습니다.

아무리 강한 영어학원이라도 퇴원이 없을 수 없습니다.
그러니 퇴원 발생 시 필요 이상으로 슬퍼하고 자책하며 괴로워하지 마세요. 그냥 자연 현상으로 이해하세요. 어느 학원장도 퇴원을 막을 수 없습니다.

♦

영어학원의 미래에 대한 예측

우리나라 영어학원의 미래는 어떻게 될까요? 아마도 많은 원장님, 선생님들이 궁금해 하고 두려워하는 부분일 것입니다. 미래를 어떻게 알 수 있겠습니까마는 제 나름대로의 예측을 공유해 보겠습니다.

1. 급격한 큰 변화는 없다.

교육 사업은 보수적인 성격이 매우 강한 사업 분야입니다. 타 사업 분야에 비해 변화가 느린 편입니다. 영어 과목은 타 과목에 비해 변화가 빠르기는 합니다만, 그럼에도 급격한 변화는 예상되지 않습니다.

2. 1인 영어학원의 지속적인 확대

우리나라 영어학원은 브랜드를 갖춘 200평 이상의 대형 어학원이나 교습소, 공부방 등 1인 영어학원 위주로 시장이 형성될 것이라는 것이 2000년대 초반 제가 했던 예측입니다. 이런 현상은 수도권에서 더 빠를 것이고 지방도 느리기는 하나 이 추세를 따를 것이라고 판단했습니다. 그리고 현재 영어학원 시장을 보면 당시의 예상은 틀리지 않았다고 생각합니다.

앞으로도 1인 영어학원 수는 더욱 늘어날 것으로 예상합니다. 1인 영어학원 중에서도 교육적인 마인드와 비즈니스 마인드를 함께 갖춘 곳만 생존하고 성장할 수 있을 것입니다.

3. IT 활용 능력의 중요성 증대

교육 사업 분야의 변화는 급격하지 않을 것이라고 처음에 말씀드렸습니다. 그러나 중요한 것은 저희의 사업 대상인 수강생이 변하고 있다는 사실이지요. 어릴 때부터 영상에 길들여진 그들을 과거의 방법만으로 학습시키는 것은 무리입니다. 따라서 IT 활용 능력은 이제 선택이 아닌 필수라고 단언하고 싶습니다.

4. 복고풍 시장 존재

대세는 아니지만 틈새는 분명히 있습니다. 강의식 수업, 교재 위주(no 온라인 수업)의 수업은 사라지지 않으리라고 예상합니다. 즉, 틈새시장으로 계속해서 존재할 것입니다.

5. 프랜차이즈 본사의 쇠퇴

영어 프랜차이즈 교재 개발에는 막대한 자금이 투자됩니다. 그러나 교재 판매처는 오직 가맹 학원으로 한정되어 있습니다. 프랜차이즈 업체 간 경쟁이 치열해지고 시중 출판사 교재의 퀄리티가 좋아지면서 가맹 학원에만 판매 가능한 프랜차이즈 교재 매출은 점점 하락하고 있습니다. 매출이 줄어들면 자연스럽게 본사는 쇠퇴합니다.

6. 온라인 수업 비중 확대

과거에는 온라인 수업이 영어학원의 보조 프로그램이었으나 이제는 상당한 비중을 차지하고 있습니다. 온라인 수업이 교육의 효과적인 면과 학원의 운영적인 면에서 큰 역할을 하기 때문입니다. IT 기술의 발달과 함께 온라인 수업의 퀄리티도 자연스럽게 올라가면서 그 비중은 더욱 커질 것으로 예상합니다.

폭발적인 인기를 끌었으나
지금은 사라진 영어 유치원 브랜드

1990년대 말, 한국에 선풍적인 인기를 끈 영어학원이 등장합니다. 일반 어학원과 달리 situation room이라는 독특한 시설로 무장한 어학원. 시설도 아주 고급스러워 전국 영어학원가를 강타합니다. 많은 분들이 '달러 돈(그분들의 표현)'을 빌려서라도 가맹하려고 줄을 섭니다. 2000년대 초에는 영어 유치원에 집중하여 시장에서의 위치가 더욱 굳건해졌습니다.

그런데 가맹 학원 원장님들로부터 좋지 않은 소리들이 들려옵니다. 학원 수익성이 매우 나쁘다는 것입니다. 한 원장님의 표현을 그대로 빌리자면 월 매출은 1억 가까이 되나 월 순이익이 200만 원을 넘기 힘들다고 했습니다. 어떻게 이렇게 수익 구조가 취약할 수 있을까요?

이유는 본사에서 강제한 수강료와 클래스 정원에 있었습니다. 어느 날 갑자기 본사가 수강료는 저렴하게 책정하면서 정원은 10명으로 제한한 것입니다. 참고로 당시 타사 영어 유치원 정원이 15명 정도임을 감안하면 10명은 매우 적은 정원이었습니다.

본사는 브랜드 경쟁력 확보를 위해 이 정책을 강력히 고집하였습니다. 경쟁력은 고려했지만 가맹 학원은 전혀 고려하지 않은 정책입니다. 학원들은 반발했으나 본사는 수용하지 않았습니다.

본사는 왜 가맹 학원을 의사 결정에서 철저히 배제했을까요? 이유는 본사의 수익 구조에 있었습니다. 당시 본사는 각 가맹 학원에 300만 원의 월정액 로열티를 부과하였습니다. 가맹 학원의 수익이 나지 않아도 월정액이 본사에 들어오는 구조입니다. 본사 입장에서는 손해 날 것이 없습니다.

하지만 가맹 학원들은 구조적으로 이익이 나지 않으니 견뎌 내지 못합니다. 점차 본사의 정책을 따르지 않으면서, 혹은 따를 수 없는 상황이 되면서 본사와 충돌이 발생합니다. 월정액 로열티를 미납하여 이를 수금하러 온 본사 직원에게 격분한 원장님이 사냥용 총을 겨누는 사건이 발생했을 정도로 극심한 갈등이 발생합니다. 결국 현재 본사는 없어졌고 해당 브랜드 이름을 사용하는 학원만 남아 있습니다.

♦
새로운 학원의 흐름, 국어·영어 학원의 등장

지금까지의 학원업계 경향을 보면 영어학원에 수학 과목을 추가하는 것이 일반적이었습니다. 학부모 수요가 가장 많기 때문입니다. 그런데 다른 추세를 조심스럽게 예측해봅니다. 바로 영어에 국어 과목을 추가하는 것입니다.

그런데 과목 추가 동기가 수학을 추가하는 경우와는 다릅니다. 수학 추가가 학부모의 수요를 고려한 것이라면 국어 추가는 학원장의 수요가 반영된 것입니다. 영어를 가르치다가 학생들의 문해력에 답답함을 느껴 국어 과목을 추가하게 되는 것입니다. 이것은 최근 많은 영어 선생님들이 겪는 고충입니다. 특히, 고등부 영어 선생님들의 경우 이런 말씀을 많이들 하십니다.

"아이들의 국어 독해력이 떨어져 영어를 가르치기 너무 힘들어요!"

학생들에게 영어를 가르치다 영어만이 문제가 아니라는 생각을 하는 것입니다.

영어학원에 국어 과목을 추가하는 것은 현재까지는 학원업계의 대세가 아닙니다. 그러나 '대박' 국어·영어 학원이 등장한다면 그 흐름이 빨라질 수 있다고 봅니다. 사실 영어는 언어 과목이니 국어와 더 잘 어울리지 않나요?

그런데 고등학교 국어 시험이 참 어렵더군요. 상위권 학생들이 가장

어려워하는 과목도 국어라고 들었습니다. 그만큼 국어 선생님 채용이
어려워 과목 추가가 쉽지 않음을 의미할 수 있습니다.

그러나 시장이 있으면 유능한 분들은 어떻게든 방법을 찾아내시더
군요. 영어 선생님이 국어를 공부하여 직접 강의하는 방법도 있고, 유
능한 국어 선생님을 어떻게든 찾아낼 수도 있을 것입니다. 아니면 독
해력 향상 프로그램을 공급받아서 운영할 수도 있을 것입니다.

KBO 리그와 한국 학원

KBOKorean Baseball Organization는 한국 야구 위원회를 의미합니다. 미국 야구 언론에서 KBO 리그를 이렇게 평가한 적이 있습니다.

"KBO 리그는 메이저 리그 기량의 선수와 아마추어 기량의 선수가 섞여 있는 매우 흥미로운 곳이다."

엄청 잘하는 선수와 프로 기량이 되지 않는 엄청 못하는 선수가 함께 야구하는 곳이라는 의미입니다.

메이저 리그에서 어마어마한 활약을 하고 있는 한국의 대표적인 투수 류현진. 이 선수가 국내에서 몸담았던 팀은 대전을 연고로 하는 한화 이글스입니다. 류현진 선수가 메이저 리그에 진출하기 직전 연도에 거둔 성적은 9승이었습니다.

세계 최고의 선수가 모인 메이저 리그에서 10승 이상을 하는 특급 투수가 국내 리그에서 겨우 9승? 이유는 바로 한화 이글스의 팀 전력에 있었습니다. 동료 선수들이 너무 못했습니다. 타격은 물론, 수비하는 모습을 보면 혈압이 오르는 수준을 넘어 헛웃음이 나옵니다. 이렇게 KBO 리그는 같은 리그에서 운동을 해도 선수 간 실력의 편차가 매우 큽니다.

저는 한국 학원계도 비슷하다고 봅니다. 공교육(공립 학교)의 경우, 임용 고시라는 매우 어려운 시험을 거쳐야 교사가 될 수 있습니다. 하지만 학원은 그런 공인 인증 제도가 없습니다. 최소한의 여건만 충족되면 강의를 할 수 있고 학원을 운영할 수 있습니다.

그러나 공식 인증보다 무서운 시장의 평가를 받습니다. 어쩌면 시장의 평가가 진짜 인증이 아닐까 생각합니다. 자격증이나 인증서가 아닌 오직 실력으로 평가받는 공정한 평가.

많은 학원장을 만나다 보면 실력과 마인드의 다양함을 경험하게 됩니다. 감탄과 존중감이 절로 나오는 학원장이 있고, 아니 저분이 도대체 어떻게 학생들을 가르칠까 싶은 학원장도 볼 수 있습니다. 지식의 부족을 말하는 것이 아닙니다. 세무, IT 지식, 영어 실력의 부족으로 학원장의 자질을 평가하지 않습니다. 누구라도 지식의 부족함은 있지요.

문제는 마인드입니다. 본인이 결정해야 하는 사항임에도 스스로 결정하지 못하는 학원장이 상당히 많습니다. 그 결정을 타인에게 떠넘깁니다. 한 번도 본 적 없는 사람들에게 온라인상에서 '서 학원 살할 수 있을까요?' 라고 묻는 분들도 있습니다. 과연 이 질문에 정확한 답변이 가능할까요? 창업 가능성을 얼굴 한번 본 적 없는 타인에게 묻는 분이 학원을 제대로 운영할 수 있을까요?

기업에는 기업가 정신이 있어야 합니다. 세상을 변화시키고 타인을 돕는다는 큰 모토 같은 것 말이죠. 바른 기업가 정신은 기업을 강하게 해 줄 수 있습니다.

학원인에게도 학원인 정신이 필요합니다. 미래 인재 양성이라는, 결코 사소하지 않은 사회적 역할이 있기 때문입니다. 그러므로 이 역할을 잘 감당해 나가기 위해 나를 지속적으로 업그레이드해야 합니다. 작은 규모의 1인 학원도 마찬가지입니다. 학생을 가르치는 직업이니 그렇습니다.

학생을 가르치는 것.
인재를 양성하는 것.
정말 중요한 역할입니다.
그리고 참 좋은 역할입니다.
누가 뭐라 해도 말입니다.

Chapter 2

학원장 이야기

♦

익숙해져야 하는 것들

학원을 운영하다 보면 익숙해져야 할 것들이 있습니다. 익숙해지지 않으면 슬퍼지고 나의 경쟁력을 약화시킵니다.

학원인은 사회적 편견에 익숙해져야 합니다.

사교육에 자녀의 교육을 맡기지만 학부모의 시선이 곱지는 않습니다.

외로움에 익숙해져야 합니다.

남편도, 친구도, 자식도, 나의 고충을 이해할 수 없습니다. 학원장 혼자 결정해야 합니다. 주위에서 도와줄 수는 있지만 결국은 내가 결정해야 합니다. 결정해야 하는 상황은 어찌 그리 많은지.

'노쇼'에 익숙해져야 합니다.

입학 상담 온다고 하여 휴일임에도 철저히 준비하여 출근했으나 학부모는 오지 않습니다. 연락조차 없습니다.

이별에 익숙해져야 합니다.

언제까지나 다닐 줄 알았던 학생들이 어느 날 갑자기 퇴원합니다.

서러움에 익숙해져야 합니다.

아파도 쉴 수 없습니다. 식사 시간도 제대로 챙기지 못합니다. 남의 아이들 가르치며 정작 내 아이에게는 소홀합니다. 시험 대비 때는 친척 경조사에도 가기가 쉽지 않습니다.

시험 결과에 익숙해져야 합니다.

아무리 보충을 해서 준비해도 잘 보는 학생이 있고 못 보는 학생이 있습니다. 결과를 되돌릴 수 없습니다.

너무 우울해지시나요?

그러나 학원 사업을 하신다면 반드시 익숙해져야 하는 것들입니다.

학원 사업은 멘탈이 약하면 할 수 없습니다.

멘탈이 약하면 나도 힘들고 주위 사람들도 힘들게 합니다.

부족함을 정성으로 극복한 원장님

1인 학원인 공부방은 '원장'이 경쟁력의 핵심입니다. 그러므로 원장의 학벌은 자신감에 영향을 주는 중요한 요소일 수 있습니다. 그래서 학벌이 약하다고 생각하면 스스로 위축되는 경향이 있습니다.

이 원장님이 그런 경우였습니다. 유치원 파견 강사로 오랫동안 근무했으나 학벌로 인한 자신감 부족으로 창업을 망설였습니다. 그러나 비슷한 배경을 가진 동료가 창업하여 성공하는 것을 보고 공부방 창업을 결심하게 됩니다.

막상 창업을 결심했으나 계속 걱정이 많았습니다. 강의는 자신 있었으나 역시 학벌이 의식되는 것이었습니다. 그러나 원장님은 생각을 바꾸어 이를 정면으로 돌파합니다. 학벌을 먼저 밝히지는 않았으나 질문을 받으면 숨김없이 말해 주었습니다. 그리고 자신의 강점에 집중했습니다.

인상적인 원장님의 공부방 운영 방법은 '학부모 1:1 상담'입니다. 원장님은 입학 상담 시 학부모의 생일을 파악합니다. 그리고 학부모 생일에 꼭 점심을 함께 합니다. 그러면서 자연스럽게 학생 상담도 하게 되지요. 학부모들의 반응이 무척 좋았습니다.

식사를 곁들인 학부모와의 1:1 상담은 쉬워 보이지만 사실 그렇지 않습니다. 당시 공부방에 학생이 30명 정도 되었으니 따져 보면 평균적으로 한 달에 두 번 이상은 학부모와 식사를 해야 합니다. 비용도 만만치 않습니다. 그래도 원장님은 꾸준히 하셨습니다. 이렇게 정성을 다해 학부모 관리를 하시는 분이니 학생 관리는 안 봐도 비디오. 원장님은 꼼꼼하고 철저하게 공부방을 운영했습니다. 정성과 꼼꼼함으로 스스로의 약점을 극복한 것입니다.

어느 학원장이라도 약점을 가지고 있습니다.
유학파는 문법이 약하고 국내파는 말하기에 약합니다.
하지만 약점이 있더라도 극복할 수 있는 방법은 반드시 있습니다.

성실했지만 성공하지 못한 원장님

원장님은 보험 회사 근무 중 교육 사업에 관심을 갖게 되어 학원을 시작했습니다. 규모가 꽤 큰 영어학원(약 120평 규모)을 인수하여 시작했는데, 학원 사업 경험이 부족하다 보니 상당한 금액의 권리금을 주고 인수하였습니다. 인수 시점이 2005년경이었는데 권리금으로 2억 원을 지급하였습니다. 학원 경기가 좋았던 당시의 상황을 고려해도, 경험자라면 학생 수 150명 정도인 학원에는 절대로 지급하지 않았을 과도한 금액입니다.

인수 후 여러 사건들이 발생해서 원장님을 힘들게 합니다. 당시 유치부를 운영했기 때문에 음식을 해 주는 아주머니가 계셨는데, 이 분이 요리를 하다 화상을 입어서 보상 문제로 큰 어려움에 처하기도 했습니다. 그래도 원장님은 성실하게 학원을 운영했습니다. 성실함이 몸에 배어 있는 분이었으며 겸손하셨고 근검절약하는 분이었습니다.

그리고 정확히 10년을 운영한 후 학원을 매각하였습니다. 학원을 인수할 때 지급한 권리금의 10%인 2천만 원을 받고 말입니다. 사실 학원 경영 상태를 생각하면 진작 매각했어야 하는데 그동안 투자된 자금이 아까워 미련을 버리지 못하다 수년이 걸린 것입니다.

원장님이 운영하는 학원의 강사분들은 장기 근무했습니다. 특히 두 명의 강사분은 원장님이 학원을 인수했을 때부터 매각할 때까지 함께했습니다. 강사들이 장기 근무하는 학원은 보통 강한 학원입니다. 그러나 원장님의 학원은 강한 학원이 아니었습니다. 적자를 간신히 벗어나는 정도였습니다.

도대체 이유가 뭘까요? 왜 그렇게 성실하게 학원만을 생각하며 정성을 들였는데 성공하지 못했을까요?

저는 우선 학원장의 철학을 듣고 싶습니다. 원장님과 대화하면 참 성실하고 겸손하시다는 느낌은 받았지만 교육적인 철학, 운영 철학에 대한 깊은 인상을 받지는 못했습니다. 한마디로 무색무취의 느낌.

교육 개편과 관련된 교육부 정책이 발표되거나 본사 직원이 학원을 방문한 경우에는 저에게 꼭 전화가 옵니다.

"기사 보셨나요? 이제 사교육 망한 거 아닌가요?"

"본사 직원이 학원을 방문하여 이런 말을 했는데 그 이유가 뭐라고 생각합니까?"

한마디로 지나치게 외부 환경에 예민한 분이었습니다.

제가 원장님이 성공하지 못한 이유를 결과에 근거하여 만들어 낸 것인지도 모르겠습니다. 하지만 저는 평소 원장님과 대화를 하면 답답함을 느꼈는데, 제가 느끼던 감정에는 이유가 있지 않았을까요?

◆ 사회적 기여를 중시한 수원의 부부 원장님

수원 파장동이라는 곳에 조금은 특별한 경영 철학으로 학원을 운영하시는 부부 원장님이 계셨습니다. 학원은 잘되지도 안되지도 않는 보통 수준이었습니다. 그런데 이 학원은 저에게 새로운 개념의 학원 경영 철학을 알려주었습니다.

원장님은 학원을 운영해서 큰돈은 벌지 못하지만 괜찮다고 했습니다. 본인들은 강사와 직원을 고용하여 고용 창출이라는 사회적 기여를 하고 있으니 그것으로 만족한다고 했습니다.

'학원 사업으로 많은 돈을 벌지 못하는 것에 대한 자기 합리화가 아닌가?' 라는 생각도 했었는데 시간이 흐를수록 원장님의 진심이 보였습니다. 혼자서 운영하거나 최소한의 강사로 학원을 운영하려는 현상이 대세인 현재의 학원 환경에서는 무척이나 생소하고 받아들이기 힘든 철학일 수 있습니다. 하지만 멋진 철학이라는 생각이 듭니다. 일자리 창출로 사회에 기여하고 수익까지 남부럽지 않게 발생한다면?

혹시라도 원장님을 다시 만난다면 질문하고 싶습니다.
지금도 그 철학 동일한가요?

♦

포장 능력이 뛰어났던 원장님

원장님은 프랜차이즈 영어학원을 인수받아 창업하였습니다. 당시 가맹비만 5,000만 원인 중형급 프랜차이즈였습니다. 대상은 초등과 중등이었는데 초등생이 대다수인 학원이었습니다. 원장님과 대화를 나눠 보니 인상적인 점이 있었는데 목소리와 몸짓이 상당히 크다는 것이었습니다. 자신감이 넘쳐 보였습니다. 집도 부자라고 자랑하더군요.

어느 날, 이 원장님으로부터 전화가 왔습니다. 학생을 가르치다가 모르는 것이 있다며 문법을 질문하셨습니다. 제 귀를 의심할 정도로 낮은 수준의 문법이었습니다. 게다가 물어보는 원장님에게서 어떠한 창피함도 느껴지지 않았습니다.

나중에 알고 보니 원장님은 영어를 제대로 공부한 적도 없고, 영어 강의는 해 본 적도 없었습니다. 프랜차이즈 본사에서 제공되는 강의 매뉴얼을 보며 틈틈이 공부하면서 강의를 막 시작한 것이었습니다. 학부모와 학원생들에게는 자신을 상당한 실력자로 포장하면서요. 놀랍게도 학원은 그런대로 잘 운영되었습니다.

자신에 대한 포장!

학원을 성공적으로 운영하기 위해 필요한 능력일지도 모르겠습니다. 실력 없다고 스스로 위축되는 것보다 좋을 수도 있겠다는 생각도 합니다. 그 포장이 지나치지만 않다면 말입니다.

♦

사업 수완이 남달랐던 대치동 원장님

원장님을 처음 알게 된 것은 1996년 경이였습니다. 당시 프랜차이즈 본사에 근무하던 저는 전국 학원장 워크숍을 준비 중이었는데, 그때 원장님으로부터 전화를 받았습니다. 워크숍을 대비하여 자신을 비롯한 몇몇 학원장들이 음료수 등 필요한 물품을 준비하시겠다는 것이었습니다.

전화를 받은 저는 약간 놀랐습니다. 보통은 행사에 필요한 모든 준비는 주최 측에서 하는 것으로 생각할 텐데 필요한 물품 공급을 자발적으로 하시겠다는 것이 의외였습니다.

원장님은 대치동에서 학원을 운영하고 계셨는데, 이후 개인적인 대화를 해 보니 사업적인 남다른 열정을 느낄 수 있었고 시골 사람 같은 따스함도 느낄 수 있었습니다.

어느 날은 조선일보에 저희 회사가 전화 영어를 한다는 내용의 기사가 실렸습니다. 그런데, 당시 저희 회사는 전화 영어를 하지 않고 있었습니다. 그래서 기자분에게 확인 전화를 해봤습니다. 알고 보니 이 원장님이 전화 영어 사업을 시작한 것이었습니다. 브랜드가 같으니 기자분이 본사에서 전화 영어를 하는 것으로 착각하고 기사를 낸 것이었습니다.

세월이 흐르면서 원장님은 프랜차이즈 가맹 계약을 해지했습니다.

그리곤 소식이 끊겼습니다.

그런데 어느 날 우연히 원장님의 소식을 다시 들을 수 있었습니다. 듣기 전문 영어 프랜차이즈 사업을 시작하셨더군요. 2000년도 초에 시작하셨는데 아직까지 운영하고 계셨습니다. 크게 성공한 것은 아니지만 나름 자리를 잡으신 듯합니다.

생각해 보면 이 원장님은 보통의 원장님들과는 달랐던 것 같습니다. 본사에 전화를 걸어 먼저 도움의 손길을 내미는 능동적인 자세와 따뜻한 마음이 있었고, 이미 1990년대 말에 전화 영어 사업을 시작하는 등 열정과 사업적인 마인드가 남달랐다는 생각이 듭니다.

학원업계에 오랫동안 종사해 오면서 그동안 만나 왔던 원장님들 중 프랜차이즈 사업을 하는 분들이 몇 분 계십니다. 하지만 그분들 모두 처음부터 큰 사업을 운영한 것은 아닙니다. 아마 본인들도 그렇게 되리라고 예상하지 못했을 겁니다.

아무도 모릅니다, 원장님의 미래 모습이 어떨지는.

그리고 기대됩니다.

성장하기 위해 매순간 노력하고 계신 원장님들께 펼쳐질 미래가!

◆

배운 것이 도둑질이라

지금까지 제가 만나 본 원장님 중에는 이제는 지긋지긋하다며 학원 업계를 완전히 떠났다가 다시 컴백하는 분들도 적지 않게 있었습니다. 영어학원을 운영하다 정리하고 많이들 가시는 곳이 필리핀이더군요. 필리핀에 뭔가 사업 기회가 있을 것이라 생각하고 방문했다가 빈손으로 단기간에 돌아오는 경우가 많았습니다. 타 업종으로 사업 분야를 전환하여 사업을 시작한 경우에는 보통 2~3년 이후에 다시 오시고요.

'왜 다시 학원업계로 돌아오셨습니까?' 라는 질문에 대답은 한결같았습니다.

'배운 것이 도둑질이라.'

그러면서 부연 설명을 해 주십니다. 학원 일만 해서 학원 외에는 아는 게 없어 새로운 사업을 하는 것이 쉽지 않았다고 합니다. 그렇게 결국 실패하고 다시 학원으로 돌아오는 겁니다. 그런데 이렇게 돌아온 원장님들의 결과가 성공적인 경우는 거의 보지 못했습니다. 게다가 공백기가 길수록 성공 가능성이 떨어집니다.

어쨌든 학원계로 컴백한 후, 학생과 학부모의 성향 변화에 적응하지 못하는 원장님들을 많이 뵈었습니다. 공부를 너무 안하고 말을 안 들어 가르치기 너무너무 힘들다고 하십니다.

이런 어려움을 극복하기 위해서 개원 전 철저한 준비는 필수입니다.

변화를 받아들이는 겸손한 마음이 필수적인 전제 조건입니다. '내가 왕년에~' 라는 생각으로는 성공하기 어렵겠지요.

기억나는 원장님이 있습니다. 영·수 전문 학원으로 오랫동안 상당한 성공을 거두었으나 점차 학원이 기울면서 회의를 느껴 음식점을 창업했는데 대단히 힘들어 했습니다. 육체적으로 고되다 보니 개업 6개월 만에 체중이 무려 15kg이 빠졌더군요. 그래서 2년 만에 음식점을 정리하고 다시 학원을 시작했으나 결국 성공하지 못했습니다.

공백이 있었던 경우에는 바뀐 학원업계의 흐름을 파악해야 합니다. 그런 후 신입 원장의 마음으로 학원을 창업해야 합니다. 이미 타성에 젖어 신입 원장보다 더 어려울지도 모릅니다. 하지만 성공하기 위해서는 완전한 변신이 필수입니다.

♦

성공한 학원장이 싫어하는 동료 학원장

성공한, 아니 꼭 성공까지는 아니어도 학원을 열심히 운영하는 학원장에게는 비슷한 성향이 있습니다. 좋아하는 학원장과 싫어하는 학원장유형도 비슷합니다. 성공한 학원장이 싫어하는 학원장 유형은 다음과같습니다.

1. 학원 견학을 쉽게 생각하는 학원장

학원장 모임 등에서 만나면 전화번호부터 묻는 학원장들이 있습니다. 그리고 다음날 바로 전화합니다. 휴대폰을 받지 않으면 학원으로 전화합니다. 학원을 방문하고 싶으니 일정을 잡자고 합니다.

이런 유형의 학원장은 여기저기 전화하며 방문하겠다고 합니다. 뭔가를 알고 싶은 생각이 앞서 타인을 배려하는 마음이 없습니다. 성공한 학원장은 이미 이런 유형의 학원장을 많이 겪어 봤습니다. 어떤 유형의 학원장인지 단번에 느낌이 오며 거부감이 듭니다.

2. 쉽게 노하우를 얻으려는 유형

궁금한 것이 있다며 수시로 전화를 합니다. 그리고는 본인 필요한 것만 묻습니다. 때로는 처음 보는 사이임에도 학원 노하우의 핵심인 소중한 자료를 달라고 서슴없이 요구하기도 합니다. 참으로 뻔뻔하게 usb를 내밀며 자료를 담아 달라고 요구하는 황당한 학원장도 있었습니다.

절대로 학원을 직접 방문하지는 않고 전화만 하는 유형도 있습니다. 방문하는 것은 귀찮기 때문입니다. 힘들게 학원을 방문할 정성은 없는 것입니다.

온라인 카페 회원들에게는 쪽지를 보내기도 합니다. 자신에 대한 소개도 하지 않습니다. 아주 짧게 도움을 요청하는 글을 씁니다. 그러나 이 짧은 질문에 답장을 하려면 상당한 분량의 내용이 필요합니다. 예를 들어 보겠습니다.

'학원 어떻게 하면 잘해요?'

'학원 위치 추천해 주세요.'

'어떤 프랜차이즈가 좋아요?'

'어떤 교재로 수업하시죠?'

'학원 커리큘럼 좀 알려 주세요.'

참으로 성의 없고 막연한 질문입니다.

3. 학원 견학 후 뒷소리 하는 유형

바쁜 와중에도 성심을 다해 도와줬는데 이를 고맙게 여기지 않고 아주 당연한 것으로 받아들이는 학원장이 있습니다. 심지어 나중에는 비하하는 말도 하고 다닙니다. '뭐 별거 없던데?' 라며.

4. 바람과 함께 사라지다 유형

보통 예비 창업가들 중에 많은 유형입니다. 시도 때도 없이 전화하고 방문해서 도움을 요청하던 분이 언제부터인가 소리 없이 사라집니다. 이제는 필요하지 않다는 의미이거나 학원 창업을 포기한 것입니다. 그대 이름은 바람이었나요?

5. 무례한 유형

학원을 방문하자마자 사진부터 찍는 분들이 있습니다. 학원의 자료 등 모든 것을 스캔하듯 사진 찍습니다. 참으로 무례한 경우입니다.

그렇다면 성공한 원장님들은 어떤 분들을 도와주고 싶을까요?

예의를 갖춰 어려움을 호소하며 부탁하는 학원장, 노하우를 날로 먹지 않으려는 분들입니다. 이런 분들에게는 마음이 열립니다. 도와주고 싶은 마음이 듭니다.

성공한 학원장들이 오랜 기간 동안 수많은 시행착오를 거치며 배운 학원 운영 노하우들을 쉽게 얻으려고 해서는 안 될 것입니다. 반드시 예의와 진정성을 담아 부탁해야 합니다.

◆
고난 끝에 결국 성공한 원장님

처음 원장님을 뵌 것은 1997년 초였습니다. 원장님은 경기도 시흥에서 학원을 운영하셨습니다. 처음에는 학생들이 모이지 않았습니다. 약 80평 규모였으니 인대료, 강사 급여, 차량 유지비 등을 감안하면 손실이 적지 않았습니다. 개원 후 2년 동안 계속 월 200만 원 정도 적자라고 하셨습니다.

원장님은 속이 상하고 미래가 두려워 매일 술을 드신다고 했습니다. 이제는 어디서 돈을 빌릴 수도 없는 상황이라고 하셨습니다. 이제 그만하고 싶다고 하시더군요. 학원을 접고 포장마차를 하고 싶다고 하셨습니다. 그것이 자신과 맞는 일 같다면서요.

그러던 어느 날, 원장님은 딱 1년만 더 해보기로 결심하셨다고 하더군요. 그래도 안 되면 포기하겠다고 했습니다.

원장님은 우선 홍보에 많은 시간을 투자했습니다. 현수막 설치를 루틴 업무로 했고, 전봇대 등 부착할 수 있는 모든 곳에 홍보 포스터를 붙였습니다. 상가 바닥에도 학원 포스터를 붙였습니다. 신규 가입 시 2주 무료 수강 정책을 실시하기도 했습니다. 당시 어학원 분위기에서는 파격적인 전략입니다.

그런데 학원이 살아납니다. 한 층을 더 사용하게 될 정도로 학원이 확장됩니다. 월 200만 원 적자였던 학원이 월 2,000만 원 순이익이 발생합니다. 그렇게 수년간 운영 후 원장님은 학원을 매각했고, 이후 지역을 옮겨 작은 영·수 학원을 운영한다고 들었습니다. 아마도 강소 학원으로 방향을 전환한 것 같습니다.

처음에 너무 학원이 되지 않아 괴로워하던 원장님의 모습이 떠오릅니다. 부원장이었던 아내분은 매일 눈물만 흘린다고 했었습니다. 그러나 포기하지 않았고, 결국은 성공하셨습니다. 딱 일 년, 마지막이라는 생각으로 혼신의 힘을 다한 일 년이 원장님의 인생을 바꿔 놓았습니다.

◆

뛰어난 학벌의 원장님

원장님은 서울에서 특목고 전문 학원 강사로 활동하시다가 경기도 지역에 영어학원을 개원했습니다. 우리나라 최고 대학교를 졸업하셨고 같은 대학교에서 박사 학위까지 취득하셨습니다.

게다가 원장님은 굉장히 성실하셨습니다. 원장님은 학생들의 실력을 향상시키기 위해 교재를 더욱 연구하고 많은 시간을 투자해 부교재까지 제작했습니다. 그야말로 전력을 다해 학원을 운영하셨습니다.

학벌도 좋고 성실하시니 성공은 당연하다고 생각했습니다. 그런데 생각만큼 학원이 잘되지는 않았습니다.

그렇게 몇 년이 지났습니다. 시간이 지나면 자연스럽게 지역 내에서 인정받을 수 있을 것으로 생각했으나 오히려 상황이 더 나빠집니다. '장소가 나빠서 그런 것일까?' 등등 여러 생각이 듭니다. 그래서 학원 이전을 추진했으나 학원이 매각되지 않아 실패합니다.

상황을 극복하기 위해 프랜차이즈로 수학을 추가합니다. 그러나 역시 학원은 강해지지 못했습니다.

대한민국 최고 대학을 졸업하고 성실함까지 갖춘 원장님이 성공하지 못한 이유가 뭘까요?

저는 조심스럽게 이렇게 진단해 봅니다. 학생 실력에 대한 원장님의 기준이 지나치게 높았습니다. 기준이 높다 보니 칭찬에 인색했습니다.

친화력이 좋아서 학생들과 잘 어울리는 성격도 아니었습니다. 주니어 학원을 운영하기에는 너무 학자 같았다고 할까요? 외모에서 풍기는 인상도 학자 같았습니다.

학벌이 무척 중요할 것 같지만
막상 학벌만으로는 마음대로 되지 않는 것이
학원인 것 같습니다.

◆

학원장의 출신 배경과 학원 운영

학원장은 강사 출신이 압도적으로 많으나 다른 분야 출신도 적지 않습니다. 다양한 학원장 출신 배경과 학원 운영에 대해 나름대로 분석해 보겠습니다.

　제가 학원 창업 시 성공 가능성이 높다고 평가한 학습지 교사 출신, 방과 후 강사 출신, 유치원 파견 강사 출신은 보통 1인 영어학원(영어교습소, 영어 공부방)을 창업합니다. 그리고 일정 수준의 성공을 거둔 후에도 학원으로 확장을 잘 하지 않는 경향이 있습니다. 즉, 확장보다는 내실을 더 중요시합니다.

　서비스업 출신, 특히 보험 회사 출신은 눈여겨볼 필요가 있습니다. 이분들은 학원을 크게 성장시킬 가능성이 충분히 있습니다. 서비스업 출신 학원장은 강사를 고용해야 하니 공부방이나 교습소가 아닌 학원으로 창업합니다. 강의가 되지 않는 분들이 대부분이니 선택의 여지가 없습니다.

　대신 서비스 마인드로 무장되어 있으며 학부모 상담 능력, 학생 관리 능력이 탁월해 발군의 결과를 내는 경우를 종종 봤습니다. 과거 월 순이익 1억을 낸다고 전해 들은 대전 학원장과 현재 충남 지역에서 300명 이상의 학생을 보유하고 있는 학원장도 보험 회사 출신이라고 들었습니다.

일반 강사 출신들의 경우, 1인 학원을 창업하여 계속 소규모로 운영하는 경우도 많지만 대형 학원으로 성장한 분들도 많습니다. 우리가 알고 있는 최선어학원, 정상어학원, 토피아의 오너가 모두 강사 출신입니다.

외국계 회사 출신의 경우에는 비교적 작게 시작하는 경향이 있습니다. 강사 출신은 아니어도 강의가 가능하기 때문입니다. 보통은 과거에 과외 경험이 있는 분들이 창업합니다. 아직은 외국계 회사 출신 중에 학원을 대형 어학원으로 성장시킨 사례는 제가 알지 못합니다. 그러나 대체로 운영 결과가 좋은 편이라고 평가하고 있습니다.

마지막으로 학교 교사 출신도 최근에 많이 볼 수 있는데, 이분들 또한 평균 이상의 성과를 내고 있다고 분석됩니다.

* 위의 분석은 저의 경험에 의한 사견이며 과학적인 분석과는 전혀 거리가 멉니다. 학원 창업에 참고하시는 정도로 이해해 주시면 되겠습니다.

♦
한 강남 영어학원장의 인생

원장님은 유명한 성인 어학원 강사 출신입니다. 외모도 깔끔했고 언변도 상당히 화려했습니다. 성인 어학원을 퇴직한 후 강남에 주니어 영어학원을 개원했습니다. 크게 잘되는 것은 아니었으나 나름대로 선전했습니다.

이때 프랜차이즈 사업을 하자고 접근하는 사람들이 생겨납니다. 콘셉트가 좋아 전국적인 성공을 거둘 수 있다고 원장님을 부추깁니다. 야망이 있던 원장님은 도전하기로 결심합니다. 자본이 부족하여 투자자를 물색했고, 마침내 인맥을 동원하여 창업 투자 회사에서 자금 유치에 성공합니다. 프랜차이즈 사업을 개시하기에는 짧은 준비 기간이었지만 업무 강도를 높여서 교재 등을 개발하며 사업을 준비합니다.

그렇게 시작한 사업은 '특목고 대비 교재'라는 차별화로 초기에 상당히 성공적으로 시장에 진입했습니다. 프랜차이즈 사업을 시작한지 단 1년 만에 전국에 400개 정도의 가맹 학원을 확보할 정도로 기세가 대단했습니다. 기존의 절대 강자였던 경쟁 업체가 긴장하고 있다는 말도 들렸습니다. 경쟁 업체의 악의적이고 노골적인 견제가 들어올 정도였으니 아마도 사실일 것입니다.

그런데 회사의 수익이 발생하지 않았습니다. 가맹점이 400개가 넘었음에도 수익이 발생하지 않습니다. 예상하지 못한 운영상의 어려움에도 봉착합니다. 경험 부족에 의한 회사 운영 미숙에 지사장, 학원장들의 컴플레인도 증가합니다. 회사에 반기를 든 몇몇 지사장들은 공동으로 움직이며 대주주인 창업 투자 회사에 투서를 합니다.

원장님은 이런 어려움에 대응할 실력은 갖추지 못했습니다. 갈등은 도무지 해결되지 않았고, 그 와중에 투자 회사의 상황 개선 압박이 강하게 들어옵니다.

결국 원장님은 2년 만에 대표 이사직을 내려놓게 되었습니다. 아니, 강제로 빼앗겼습니다. 금전적으로도 상당한 손실을 입었습니다. 이후 기회를 보며 여러 번 재기를 노렸지만 성공하지 못했습니다.

가끔 사업을 하다 보면 나를 부추기는 사람들이 접근합니다. 그런데 듣다 보면 그 사람들이 무척 신뢰가 갑니다. 그들은 나를 기분 좋게 붕붕 띄웁니다. 더욱이 보통 이런 경우에는 사업이 잘되고 있는 때이므로 스스로도 자신에 대한 믿음이 매우 강합니다. 이런 상황에서의 사업 확장은 대단히 위험합니다.

참 어렵지요?

그러나 한 가지만 명심하면 될 듯합니다.

사업은 타인의 권유가 아닌 나의 의지로 시작해야 한다는 것입니다.

◆

학습적 이론으로 학원 경영?

학원장 유형 중 학구파 유형이 있습니다. 학구파 유형은 기업 출신 원장님들 중에 많습니다. 특히, 대기업 출신들에게서 상당히 많이 보이는 유형입니다. 아무래도 오랜 기간 동안 보고 배운 것이 몸에 배어서 그럴 것입니다.

학구파 유형 원장님들은 교육 관련 책을 상당히 많이 보는 특징이 있습니다. 그래서 이론적으로 상당히 강합니다. 교육학 박사들의 이름과 교육 이론들을 줄줄이 꿰고 있습니다. 그리고 그 교육 이론들을 학원 경영에 도입하려 애를 많이 쓰나 결과가 좋지 않아 좌절합니다. 그러면서도 여전히 이론에 대한 미련을 버리지 못합니다. 왜 그렇게 이론에 집착할까요? 지적인 성취감이나 우월감을 느낄 수 있어서일까요? 아니면 지적으로 보이고 싶어서일까요?

지금까지 많은 성공한 원장님들을 만났습니다. 그런데 제가 본 성공한 원장님들 중 이론에 집착하는 분은 없었습니다. 다 제가 알아들을 만한 내용을 다루었지, 처음 들어 보거나 익숙하지 않은 학문적인 용어나 학자 이름을 거론하며 대화하는 분들은 아직까지 보지 못했습니다.

학원 사업은 현장에서 발생하는 '실전'입니다. 학원 경영을 하다 보면 전혀 예상치 못한 상황들이 발생할 수 있습니다. 이론에 지나치게 의존하면 실전에서 대응하기 힘듭니다.

책과 교육을 통해 축적된 이론적인 지식에 너무 의존하지 않았으면 합니다. 이론만으로 가득한 책 수십 권, 학원 경영에는 그리 큰 도움이 되지 않습니다. 그 시간에 경험 많은 동료 학원장을 만나시는 게 더 효율적이라고 생각합니다.

학원 경영은 이론이 아닌 실전입니다.

◆

학원 사업으로 부자가 된 원장님들

지금까지 많은 원장님들을 만나며 자연스럽게 원장님들의 삶을 볼 수 있었습니다. 작은 학원으로 시작했지만 프랜차이즈 사업에 성공하여 천여 개의 가맹 학원을 보유한 원장님도 뵈었고, 처음 뵈었을 당시 상당한 부를 확보하고 잘나가던 원장님이 어느 날 저에게 소액의 돈을 빌려 달라고 할 정도로 어려워진 경우도 보았습니다. 이번에는 그중에서 부자가 된 분들에 대한 이야기를 해 볼까 합니다.

1980년대 말에서 1990년대 초는 학원 사업의 전성기였습니다. 일정한 규모가 되지 않으면 법적으로 학원 설립이 불가하여 수요가 공급을 초과한 데다 과외 금지 조치가 풀린 지 얼마 되지 않은 때였기 때문입니다. 당시 많은 원장님들이 주체할 수 없을 정도로 많은 돈을 벌었습니다. 그러나 이분들 중 소수만이 그 부를 유지하여 부자가 되었습니다.

지금까지 제가 지켜본 바로는 학원 사업으로 돈을 번 원장님들에게는 몇 가지 투자 패턴이 있습니다.

첫 번째는 학원 사업에 재투자를 하는 경우입니다. 그러나 이런 원장님들은 큰 재미를 보지 못했습니다. 시간이 흐르면서 학원 사업이 침체기를 겪었기 때문입니다. 침체기에는 손실이 상당합니다. 그동안 벌어 놓은 돈이 순식간에 사라집니다.

다른 투자 패턴은 완전히 다른 사업 분야에 투자하는 경우입니다. 한번은 모험심이 강한 원장님을 뵈었는데, 신소재 분야에 투자했다가 모든 투자금을 잃었다고 했습니다. 모든 재산을 잃은 원장님은 후에 여기저기서 돈을 끌어모으고 인테리어 비용은 후불로 하여 경기도에서 아주 작게 학원 사업을 다시 시작했습니다. 그러나 잘 되지는 않았습니다.

그렇다면 누가 부자가 되었을까요?

가장 안정적으로 돈을 번 유형은 부동산에 투자한 분들입니다. 안산의 한 원장님은 아파트, 토지, 건물 등에 적극적으로 투자를 하시더군요. 그 결과 상당한 부자가 되었습니다.

보유 주식으로 엄청난 부자가 된 분도 있었습니다. 교육 회사의 초창기 멤버로 참여하여 주식을 배당받았는데 이 회사가 이후 코스닥에 상장되며 상상하기 어려운 부를 쌓았습니다. 물론 이것은 앞으로는 나오기 힘든 케이스라고 생각합니다.

학원 사업에 집중하여 성공한 사례도 있습니다. 현재의 대형 어학원들이 대부분 그렇게 탄생했지요. 그러나 가능성이 매우 희박한 사례입니다. 개인적인 의견으로는 지나치게 학원 사업에 투자를 집중하는 것은 위험하다고 봅니다.

이처럼 다양한 사례를 종합하여 각자의 상황에 비추어 보고 부자가 되는 방법을 찾으시면 되겠습니다. 그리고 그보다 우선적으로 해야 할 일이 있습니다. 바로 지금 학원 운영에 전력을 기울이는 것! 학원이 잘 되어야 투자도 할 수 있다는 사실을 잊지 마세요.

◆ 절박함으로 성공한 원장님

원장님은 프랜차이즈 지사 직영 학원에서 강사로 재직하시다가 같은 브랜드로 교습소를 창업했습니다. 창업할 때의 나이가 50세가 넘었으니 적지 않은 나이에 처음으로 자신의 교습소를 개원한 것입니다. 교습소는 아파트 단지 내 상가 1층에 위치했으며 바로 앞에 초등학교가 있어 상당히 좋은 위치였습니다. 이런 자리는 최소한 기본은 합니다.

역시 개원 초기부터 원장님은 순항했습니다. 1년이 안되어 40명 이상의 학생이 모였고, 이후로도 꾸준히 증가했습니다. 성공 요인으로는 좋은 입지와 겨울 방학이라는 적절한 개원 시기, 그리고 무엇보다도 원장님의 탁월함과 절박함을 꼽을 수 있겠습니다.

원장님이 2012년 런던 올림픽 유도 금메달리스트인 김재범이 한 말을 인용하여 이런 말씀을 하시더군요.

"나는 학원 운영을 죽기 살기로 하지 않는다.

죽기로 하고 학원을 운영한다."

이순신 장군의 '사즉생, 생즉사'라는 비장한 말이 떠올랐습니다.

원장님은 본인이 가장이라고 하셨습니다. 남편이 오래전에 사망하여 본인이 가족의 생계를 책임져야 한다고요. 그래서 개원하자마자 반드시 성공해야만 했던 것입니다.

게다가 원장님은 오랫동안 영어권 국가에서 생활하셔서 영어를 잘하시고 카리스마도 상당합니다. 또한 프랜차이즈 지사 직영점의 강사로 근무하신 경험이 있어 해당 프랜차이즈 교재와 프로그램에 대한 신뢰와 활용도가 매우 뛰어납니다. 이런 강점들이 어우러져 한번 상담하면 바로 등록이 이루어집니다.

성공한 기업가가 이런 말을 한 것을 들은 적이 있습니다.
"사업 성공에서 중요한 것은 절박함과 집요함이다!"
바로 원장님을 두고 하는 말 같습니다.

생존의 달인 원장님

20대 후반에 학원 사업을 시작한 원장님은 열정이 넘치는 분이었습니다. 학원 홍보 중 안 해 본 것이 없을 정도입니다. 홍보가 되는 것이라면 무엇이든지 부끄러워하지 않고 과감히 실행합니다. 결과가 좋아서 인근에 분원까지 개원하여 친언니에게 학원 운영을 맡깁니다.

그러나 기대와 달리 분원은 운영에 어려움을 겪었습니다. 그러던 중, 시의 도시 개발 계획에 따라 도로가 확장되면서 건물이 헐리게 되었고 원장님은 적절한 보상을 받고 분원을 폐쇄하였습니다. 운이 참 좋았죠.

원장님은 국내 영어학원 시장의 흐름을 간파하고 철저한 준비를 하여 초·중등 중심에서 영어 유치원으로 타깃을 변경합니다. 변신은 성공하여 지역 최고의 영어 유치원으로 성장합니다. 원래 지역 내 터줏대감이었던 막강한 브랜드 파워의 영어 유치원이 원장님의 영어 유치원에 밀려 폐원합니다.

자신감을 얻은 원장님은 다시 한번 분원을 설립합니다. 그러나 이번에도 분원 운영은 성공하지 못합니다. 첫 분원 실패 후 정말 오랫동안 준비한 두 번째 분원이었는데도 성공하지 못했습니다.

이제 지역의 영어학원 트렌드가 또 바뀝니다. 일반 유치원에 밀려 영어 유치원 시대가 저뭅니다. 원장님은 이번에도 발 빠르게 변신합니다. 초·중등 전문 학원으로 복귀합니다.

그렇게 지금까지 운영하고 계십니다. 1995년부터 학원 운영을 시작하셨으니 참으로 오래되었습니다. 성공하고 실패하고 다시 도전하고를 반복하면서요. 학원계의 생존의 달인이라고 할 수 있을 것 같습니다.

원장님이 이렇게 끈질기게 생존할 수 있었던 것은 자신의 직업에 대한 만족과 사명감이 있었기 때문입니다. 그리고 하나 더 추가하자면 지치지 않는 열정.

이른 나이에 시작하셔서 아직 50대 중반이시니 한참 더 달리실 수 있겠죠? 지치지 않는 열정으로!

♦

대강사의 특징

저는 과거에 대형 성인 어학원에 근무하면서 직원 혜택으로 거의 모든 성인 영어 강좌를 수강했습니다. 그러다 보니 기초 과정부터 토플까지 다양한 영역의 많은 강사분들의 강의를 직접 접할 수 있었습니다. 그렇게 수업을 들으며 자연스럽게 강사분들을 관찰하게 되었고, 누구는 대강사가 되고 누구는 평범한 강사가 되는 이유를 연구했습니다. 그러면서 나름대로 대강사의 특징을 몇 가지 발견하게 되었습니다. 제가 발견한 대강사의 특징은 다음과 같습니다.

1. 강의 장악력

일단 강의에 들어가면 수강생을 휘어잡습니다. 절대로 민주적인 분위기가 아닙니다. 꾸벅꾸벅 졸고 있는 수강생이 있으면 때로는 소리를 지르기도 합니다.

2. 빠른 눈치

수강생의 표정이나 몸짓 등을 수시로 관찰하며 반응을 체크합니다. 그 반응에 맞춰 적절히 강의의 템포를 조절합니다.

3. 수강생의 마음 읽기

수강생이 어려워하는 부분이라고 생각하면 이를 쉽게 풀어 주고 강조할 부분에서는 목소리 톤을 높이는 등의 방법으로 전달력을 극대화합니다. 본능적으로 강약 조절을 적절히 할 줄 압니다.

4. 유머

유머는 강의에 활력을 불어넣습니다. 극단적으로 표현하면, 유머 없는 강의는 수강생에게는 고문일 수 있습니다.

5. 자료 및 멀티미디어의 적절한 활용

PPT 자료 만들기에 능숙하고 영상, 음향 등을 적절히 강의에 활용합니다.

6. 몰입

오직 강의에만 집중하는 삶을 삽니다. 성실하며, 24시간 강의의 질을 높이기 위해 연구하고 또 연구합니다.

그런데 이런 능력을 갖추었음에도 두각을 나타내지 못하는 강사분들도 많이 보았습니다. 줄을 잘 서지 못해서입니다.

대부분의 대형 학원에는 강사들끼리의 줄이 있습니다. 인맥을 의미합니다. 이미 학원 내에서 자리를 잡은 주류 강사진이 있는데, 보통 이들이 인기 있는 강좌와 강의 시간, 강의실을 선점하고 있습니다.

대형 학원에서 강의 시간 배정은 매우 중요합니다. 아무리 강의력이 좋아도 좋은 시간대를 배정받지 못하면 수강생 모집에 한계가 있습니다. 과거 강의 시간 배정에 대한 불만으로 강사들끼리 폭력 행위가 발생하고 법정 소송까지 있었다는 이야기도 들은 바 있습니다.

이런 경우 방법은 두 가지가 있겠네요. 실세(!) 강사와 친해지거나 다른 학원을 찾는 것! 대강사를 꿈꾸신다면 한번 참조해 보세요.

학원장 스트레스 유발 요소들

영어학원장을 특히 힘들게 하는 요소들을 정리해 봤습니다.

1. 학습 결과

자녀의 학습 부진에 대한 학부모의 컴플레인이 있을 수 있습니다. 특히 초등 전문 영어학원의 경우에는 '왜 아직도 우리 아이가 영어를 읽지 못하냐?' 라는 항의가 많습니다. 이럴 때 참 난감합니다. 일단 언어 학습에는 일정 기간이 필요하기 때문에 그렇습니다. 그리고 또 하나의 더 큰 이유가 있습니다. 학생의 부족한 학습 능력에 대해 학부모에게 사실대로 말하기가 어렵기 때문입니다. 강사가 똑같이 최선을 다해 가르쳐도 아이마다 타고난 학습 능력이 다르므로 결과는 다를 수밖에 없습니다. 하지만 학부모 입장에서 이 사실을 받아들이기란 쉽지 않겠죠.

2. 보강 요구

가족 여행, 심지어 가족 외식 등의 이유로 결석한 후 당연한 권리인 양 보강을 요구하는 학부모와 학생 때문에 화가 납니다. 보강 일정을 잡으려 해도 학생과 일정이 쉽게 조율되지도 않습니다.
"저 그때는 안 되는데요?"
그래 놓고 학생은 계속 보강을 요구합니다.

"쌤, 언제 보강해요?"

자신들이 마음대로 수업을 빠졌으면서 완전히 채권자 행세를 합니다. 저는 무분별한 보강 수용은 학원장의 수명을 단축시키는 심각한 요소라고 생각합니다.

3. 수강료 납입 지연

습관적으로 제때 수강료를 내지 않는 학부모들이 꼭 있습니다. 참이해하기 어렵습니다. 어차피 낼 것을 제때 내면 대접받지 않나요? 심지어는 학원장의 조심스러운 수강료 독촉에 적반하장 격으로 크게 화를 내는 학부모들도 있습니다.

4. 학원 이해관계인

프랜차이즈 본사, 지사장, 인근 지역 같은 브랜드 동료 학원장으로 인해 스트레스를 받을 수 있습니다. 동료 학원장과는 특히 구역권 충돌이 발생했을 때 갈등이 매우 심합니다.

5. 학원 주변인

이웃 상가 주인이나 영어 공부방의 경우에는 이웃 주민과 갈등이 발생할 수 있습니다. 소음 유발, 흡연, 유해 업소 등 다양한 사유로 인한 갈등이 발생할 수 있습니다.

6. 학생 수

학생이 모이지 않으면 너무 힘듭니다. 가장 극복하기 어려운 고통입니다.

7. 학생 태도 관련

학습 부진아, 예의가 없는 학생 등은 학원장의 스트레스를 유발합니다. 도벽이 있는 학생들을 경험하기도 합니다. 학원에 도난 사고가 발생하면 처리하기 매우 난감합니다.

8. 반 편성

처음에는 레벨이 같았으나 시간이 지나면서 학생들의 레벨 차이가 발생합니다. 이를 해결하는 것이 결코 만만치 않습니다.

9. 컴퓨터 등 기기 활용 능력

최근의 영어학원은 IT 활용 능력이 필요합니다. 이것이 부족하면 답답함을 느낄 수 있습니다.

10. 강사

좋은 강사는 학원장을 행복하게 하지만 학원과 맞지 않는 강사는 학원장을 괴롭게 합니다. 특히, 근무의 기본인 근태가 불량한 강사는 학원장을 매우 힘들게 합니다.

11. 학부모 상담 능력

학부모 상담을 어려워하는 학원장들이 적지 않습니다. 특히 1인 학원을 운영하는 교습소, 공부방 원장님들의 경우에 더 그렇습니다.

12. 기기 고장

중요할 때 프린터가 고장 나거나 온라인 영어 프로그램이 작동하지 않으면 일시적이지만 강력한 스트레스에 직면합니다.

이 중에 나에게는 해당되지 않는 요소도 있을 것입니다. 해당되지 않는 요소가 많을수록 강한 영어학원이라고 할 수 있습니다. 모쪼록 다양한 케이스에 대비하셔서 최대한 스트레스 받지 않고 영어학원을 운영하셨으면 하는 바람입니다. 늘 강조하지만 학원 관련 스트레스는 학원장의 능력으로 줄일 수 있습니다.

강한 영어학원은 학원 일로는 울지 않습니다.

◆
부부가 운영하는 학원과 강사

부부가 함께 학원을 운영하게 될 경우 보통 이런 걱정을 많이 합니다.

'혹시 싸우지 않을까?'

네, 맞습니다. 부부가 함께 학원을 운영할 경우 잦은 다툼으로 부부 관계가 나빠질 수 있습니다. 특히 학원에서 부부가 대등한 관계라면 의견 충돌이 심각해질 가능성이 큽니다. 심한 경우 부부 관계가 위태로워지기도 합니다. 그래서 결국 독립하여 별도로 학원을 운영하는 경우도 있습니다.

그런데 부부 간의 갈등 이외에도 염두에 두어야 할 것이 있습니다. 저의 아주 가까운 지인 부부 학원 사례로 설명해 보겠습니다.

이분들은 금슬이 아주 좋은 부부였습니다. 그런데 한 가지 고민이 있었습니다. 그것은 강사들과의 거리감과 불화였습니다. 부부가 함께 학원을 운영하며 강사가 한두 명이었을 때는 문제가 없었습니다. 그러나 학원이 성장하면서 강사의 수가 증가하자 문제가 발생했습니다. 부부의 뒷담화를 하며 부부 학원장과 강사들 사이를 갈라놓는 강사가 늘 존재하더군요. 특히, 학원 경력이 있는 강사들이 주로 이런 역할을 합니다. 문제의 강사가 퇴사해도 똑같은 일이 반복됩니다. 도대체 무엇이 문제였을까요?

일반적인 인간관계를 생각해 보면 이해할 수 있을 것입니다. 집단에서 주된 한 무리가 그들끼리 너무 친하면 그 무리에 속하지 못한 다른 무리는 소외감을 느낄 수 있고, 이는 막연한 적대감으로 발전할 수 있습니다. 소외감을 느끼는 무리의 인원이 늘어나면 적대감은 더욱 커지겠죠.

부부 학원도 같은 개념으로 생각할 수 있을 겁니다. 강사들은 부부 학원장이 한 몸, 한 생각이라고 생각할 가능성이 매우 큽니다. '한 편'이라고 생각하는 것입니다. 특히, 금슬이 좋은 부부라면 더욱 그렇습니다.

그럼 부부 학원장은 어떻게 해야 하나요?

저도 시원한 해결책은 알지 못하지만, 미력한 생각으로는 '공정성'이라는 단어가 떠오릅니다. 부부라도 학원에서는 공과 사를 구분하고, 공정함으로 학원을 운영하면 되지 않을까요?

◆

빛나게 롱런하는 학원장이 되려면

수많은 학원장을 만나왔습니다. 그중에는 정말로 오랫동안 굳건하게 학원을 운영하는 원장님이 계신가 하면 아주 짧은 기간 운영하다가 포기하시는 원장님도 계셨습니다. 그래서 한번 생각해 봤습니다. 어떻게 해야 롱런하는, 그냥 롱런이 아닌 빛나게 롱런하는 학원장이 될 수 있을까요?

1. 학원 창업 동기

'어떤 동기로 학원을 창업했는가?'는 학원 사업의 지속에 매우 큰 영향을 줍니다. 창업 동기가 약하면 어려움이 닥쳐왔을 때 쉽게 포기하게 됩니다. 그리고 절박함은 가장 강력한 창업 동기 중 하나입니다.

2. 학원 경쟁력

당연히 학원이 잘되어야 빛나게 롱런할 수 있습니다.

3. 학원 시스템

시스템이 없으면 몸과 마음이 힘듭니다. 심신이 지치면 학원 사업을 오래 지속할 수 없습니다.

4. 적절한 휴식

휴식이 꼭 수업이 없는 것을 의미하지는 않습니다. 수업이 재미있고 학원에 나와서 일을 하는 것이 재미있다면 그런 분들께는 강의나 학원 일도 휴식일 수 있겠죠. 중요한 것은 어떤 형태이든 반드시 적절한 휴식이 필요하다는 것입니다.

5. 원만한 인간관계

최소한 학원 주위의 이해관계인과 충돌하지는 않도록 노력해야 합니다. 물론 학원을 하다 보면 당연히 이해관계인이 있고, 그들과 충돌이 발생할 수 있습니다. 하지만 충돌이 잦으면 회의감이 생길 수 있습니다.

6. 건강

이것은 너무 당연한 것이라 굳이 강조하지 않아도 될 것 같습니다. 특히 학원인은 특정 부위가 아픈 직업병이 있을 수 있습니다. 주로 목, 허리, 어깨, 다리 등이 아픕니다. 이에 대한 적당한 관리와 운동이 필요하겠습니다.

7. 회복 탄력성

가장 강조하고 싶은 부분입니다. 회복 탄력성이란, 정신적인 충격이나 고통에서 벗어나는 능력입니다. 즉, '멘탈'입니다.

자영업은 특히 멘탈이 매우 중요합니다. 그런데 유감스럽게도 육체의 근육보다 훨씬 키우기 힘든 것이 멘탈 근육입니다. 멘탈은 충격을 많이 겪어 봐야 강해집니다.

그리고 또 다른 방법 하나, 돈을 많이 벌면 강해집니다!

8. 좋은 커뮤니티 소속

좋은 동료 학원장님들을 지속적으로 만나 보세요. 참으로 즐겁습니다. 대인관계로 인해 가끔은 고통스러운 일이 발생하기도 합니다. 그래도 즐거움과 유익이 훨씬 큽니다. 즐거워야 학원업을 오래 할 수 있습니다.

9. 가족의 지지

배우자, 자녀, 또는 시부모의 지지가 중요합니다. 의외로 시부모가 며느리의 학원 운영을 반대하는 경우를 많이 봤습니다. 지금 지지를 받지 못하고 계시다면 원장님이 훌륭한 일을 하고 있다는 사실을 적극적으로 알리세요.

"가르치는 일은 훌륭한 일 아닌가요?"

그리고 가끔 돈의 위력도 보여 주세요. 아주 효과가 큽니다.

10. 사명감

미래 인재 양성이라는 사명감을 갖는 것입니다.

사명감이 있으면 외부 충격에 흔들리지 않습니다.

◆
폐쇄적이었던 젊은 부부 학원장

강남에서 거주하던 부부는 개인적인 이유로 경기도 지역으로 이사해서 학원을 시작했다고 했습니다. 학원은 번화가에서 조금 벗어난, 아파트보다는 다세대 주택이 몰려 있는 지역에 위치했었습니다.

이 학원은 원래 부부와 처남이 함께 운영하는 가족 경영 학원이었습니다. 처음에는 그런대로 운영이 되었으나 중심적인 역할을 했던 처남이 강사직을 내려놓으면서 학원이 급격히 기울었다고 합니다.

위기의식을 느낀 부부 학원장은 위기를 타개할 방법으로 그동안 도입하지 않았던 영어 프랜차이즈를 찾게 되었습니다. 당시 영어 지사를 운영하던 저를 이때 만나게 되었고, 시간은 좀 걸렸으나 결국 가맹 계약을 했습니다.

부부가 상당히 성실해 보였습니다. 나이는 젊었으나 비교적 이른 나이에 학원을 시작해 경험도 적지 않았습니다. 그래서 저는 잘할 것으로 기대했습니다.

부부는 기존 학원을 매각하고 신규 택지 지구에 학원을 개원했습니다. 원래 학원을 하던 곳과는 거리도 좀 있고 성향도 다른 지역이었습니다만, 성실하고 경험도 있는 분들이니 크게 염려하지 않았습니다. 그런데 어느 순간부터 부부의 움직임이 신경 쓰이기 시작했습니다.

당시 지사장인 저는 매월 지역 정모를 개최하여 학원 운영 및 교재 활용 스터디를 꾸준히 진행하고 있었습니다. 정모 장소는 각 가맹 학원이 돌아가며 제공하는 것이 원칙이었습니다. 정모를 통해 타 학원 구경도 할 수 있다는 장점이 있기 때문입니다.

부부 중 남편은 정모에 거의 참가하기는 했습니다. 그런데 자신의 학원에서 정모를 하는 것은 번번이 거절했습니다. 이전한 지 얼마 되지 않아 아직 학원이 정리되지 않았다는 이유였습니다. 처음에는 그럴 수 있다고 생각했습니다.

그런데 학원이 다 정리되고도 남을 만큼의 시간이 지난 후에도 사신의 학원에서 정모가 개최되는 것은 허락하지 않았습니다.

어쨌든 새로운 곳에서 학원은 잘되지 않았고, 부부는 학원 운영에 어려움을 겪었습니다. 특히, 학부모 상담을 어려워했습니다. 이렇게 상대하기 힘든 학부모들을 만나 본 적이 없다고 했습니다. 이전 장소에서 학원을 운영할 때는 학부모들이 자신들을 믿어 줬는데 이곳은 그렇지 않다고 괴로워했습니다.

어려워하는 부분에 대해 깊이 대화를 나눠 보니 학부모 요구와 컴플레인에 속수무책이더군요. 예를 들어, 학부모가 타 학원과 비교하며 교재에 대한 약점을 지적하면 전혀 대응을 하지 못했습니다. 그러면서 쉽게 결론을 내리더군요.

"프랜차이즈 교재가 안 좋다!"

결국 부부는 단 1년 만에 다른 영어 프랜차이즈로 교체했습니다. 그 이후의 상황은 제가 잘 알지는 못하지만 가끔 건너서 소식을 듣기는 하는데, 여전히 고전 중이라는 이야기가 들려옵니다.

제가 이 부부 학원장에게 가장 아쉬웠던 부분은 자신들을 잘 드러내지 않으려는 폐쇄성이었습니다. 서울에서 이사를 와 동네에도 아는 사람들이 없다고 했습니다. 정모 장소로서의 학원 공개는 끝내 없었고요.

개방은 발전에 반드시 필요합니다.

안을 들여다볼 수 없었던 폐쇄적인 식당 주방을 통유리로 인테리어하여 시원하게 공개한 것이 우리나라 음식 문화의 발전을 이끌지 않았을까요? 더럽다고 안 보이게 덮었던 동네의 하천을 드러내니 청계천이라는 작품이 나왔고, 이를 다른 곳들도 따라 하지 않던가요? 계속덮어 두었다면 물은 더욱 썩었을 것입니다.

학원도 마찬가지입니다. 저는 흔쾌히 자신의 학원으로 상대방을 초대하는 개방성을 가진 학원이 잘 안되는 경우를 거의 보지 못했습니다. 학원이 잘되니 드러내는 것일까요? 저는 그렇게 생각하지 않습니다. 드러내는 성향이기 때문에 학원이 잘되는 것일 겁니다.

공개하면 발전합니다.

나를 드러내고, 나의 학원을 드러내야 합니다.

그래야 객관적으로 평가하고 개선할 수 있습니다.

◆
만나지 말아야 했을 동창생

용인 지역의 한 수학 교습소에 대한 씁쓸한 내용입니다. 원장님은 신규 아파트의 단지 내 상가에 교습소를 개원하고 열심히 홍보를 했습니다. 학교 앞 홍보, 아파트 게시판 홍보 등 학생 모집에 정성을 다했습니다. 그런데 전혀 예상치 못한 일을 겪으며 6개월 만에 폐원했습니다. 어떻게 된 것일까요?

원장님의 불행은 교습소가 있는 단지 내 아파트에 살고 있던 고교 동창생으로부터 시작됩니다. 이 동창생은 아파트 입주 후 활발히 입주민 활동을 하여 단지 내에서 상당히 영향력이 있었습니다.

그런데 이 동창생이 원장님이 수학 교습소를 개원한 것을 알고 학교 다닐 때 꼴찌였던 사람이 애들을 가르친다고 소문을 내고 다닌 것입니다. 이것은 학생을 가르치는 곳인 교습소에 치명타였습니다. 이 아파트는 당시 나홀로 아파트로, 외부로부터 학생들의 유입이 어려운 구조였기에 더욱 치명적이었습니다. 동창생은 참으로 집요하게 소문을 퍼뜨리고 다니더군요.

저도 개인적으로 이 동창생을 압니다. 영어 지사장 일을 할 당시, 가맹 상담 차 만난 적이 있습니다. 저에게도 이 수학 교습소 원장님 흉을 보더군요. 비난의 강도가 상당히 강했습니다. 이후 비즈니스 관계로 몇 번을 더 만났는데 정상적인 사람이 아니라는 판단이 들 정도로 말과 행동이 매우 특이했습니다. 한번은 이 동창생이 저에게 무리한 요구를 하여 이를 거절했는데, 새벽에 저주하는 내용의 문자와 이메일 폭탄을 쏟아붓더군요.

　수학 교습소 원장님이 운이 없었던 것일까요? 아니면 학창 시절에 공부를 잘하지 못했으니 교육 사업을 할 자격이 되지 않는 것일까요? 이유가 무엇이든 간에 퍽 아쉽긴 합니다. 쉽게 포기하지 않고 계속 운영하여 실력으로 학부모와 학생에게 평가를 받았으면 어땠을까 하는 생각이 듭니다.

◆

교회 인맥으로 급성장한 수학 교습소

제가 개인적으로 많은 도움을 받았던 수학 교습소 원장님 사례입니다. 원장님은 마음이 넓고 선량한 분이었습니다. 제가 막 영어 교습소를 개원했을 당시, 바로 옆 상가에서 수학 교습소를 운영하시던 원장님은 재원생 학부모들에게 별도의 가정통신문을 보내어 영어학원이 개원했다고 안내했을 정도로 발 벗고 저를 도와주시더군요. 원장님의 적극적인 도움으로 5명의 학생을 개원 전에 등록받을 수 있었습니다. 초기 교습소 안착에 엄청난 도움이 되었죠.

원장님의 수학 교습소는 당시 이미 지역에서 자리를 확실히 잡고 있었습니다. 개원한 지 1년이 되지 않았는데 약 70명의 학생들이 있었으니 교습소 규모임을 감안하면 대단한 성공입니다.

그런데 재원생 분포가 매우 특이합니다. 원장님이 다니던 교회의 교인 자녀들이 전체 수강생의 약 80퍼센트라고 하더군요. 원장님이 다니던 교회가 교습소 바로 앞에 있었고, 원장님이 그 교회의 신도인 까닭입니다. 원장님은 교회 활동을 활발히 하던 중 교습소를 창업하셨고, 신도들은 원장님을 믿고 자녀들을 보낸 것입니다. 덕분에 원장님의 수학 교습소는 짧은 기간에 급성장했습니다.

그런 원장님에게는 풀지 못하는 어려움이 있으시더군요. 재원생이 대부분 지인 자녀로 구성된 것으로 인한 어려움이었습니다. 대표적인 어려움을 몇 가지 소개해 보겠습니다.

1. 학생마다 수강료가 다르다

지인 관계라 개인적인 상황에 따라 수강료 할인을 요구하는 경우가 많고, 이를 거절하기 어려워서 모두 들어주다 보니 수강료가 학생마다 다르다고 했습니다.

2. 학생과의 관계

지인의 자녀이다 보니 지적하고 싶은 말도 할 수 없는 경우가 많다고 하더군요. 아이들이 지각을 하고 숙제를 하지 않아도 적절한 제재를 가하기 어렵다는 것입니다.

3. 지인 관계 자체의 어려움

지인마다 자신의 자녀에 대해 특별히 원하는 것이 있었는데, 그분들의 기대에 부응하기 어렵다고 했습니다. 특히, 자녀에 대한 특별한 관심을 요구하는 경우가 많아 이를 모두 만족시키는 것이 힘들다고 하시더군요.

4. 수강료 인상의 어려움

여러 지인 학부모님들의 요구로 교습소임에도 차량을 운행하였습니다. 당연히 비용은 증가했으나 수강료는 인상하지 못했습니다. 지인들의 뒷담화가 두려웠기 때문입니다.

원장님은 결국 수학 교습소를 정리하셨습니다. 동네 주민이니 길을 걷다가 가끔 원장님과 마주치곤 합니다. 학원을 그만두니 어떠냐는 저의 질문에 '너무 좋습니다!' 라고 밝게 웃으면서 대답하시더군요. 그 말의 의미를 알기에 저도 공감이 되었습니다.

지인의 힘으로 학원은 급성장할 수 있습니다. 그러나 그에 따른 부작용도 있음을 알고 적절히 대비해야겠습니다.

♦

타 학원 비방으로 자신의 학원을 높이려는 학원장

과거 영어 프랜차이즈 지사장을 하고 있을 때 일입니다. 한 원장님이 매우 흥분해서 전화가 왔습니다. 내용인즉, 인근 학원(같은 프랜차이즈 브랜드)에서 자신의 커리큘럼을 비방했다는 것입니다.

전화를 건 원장님의 학원을 다니던 학생이 인근 아파트로 이사를 가면서 같은 브랜드의 영어학원이 보여 입학 상담을 한 것이 발단이었습니다. 상담을 한 학원장이 이전 학원의 교재 활용을 비방한 것입니다. 매우 강한 어조로 비방했다고 합니다.

그 학부모는 이전 학원장에게 이런 내용을 알려 주었고, 학원장은 화가 나서 저에게 전화를 한 것입니다. 참고로 두 학원장은 언니, 동생 하며 서로 아는 사이였습니다.

타 학원을 비방하여 자신을 높이려는 학원장들을 볼 수 있습니다. 학원 블로그를 둘러보다 보면 우리나라 학원의 문제점을 강하게 지적하며 이를 바로잡고자 학원을 개원했다는 학원장들도 볼 수 있습니다. 기존 학원은 모두 적폐로 규정하는 것입니다. 동업자 의식이 전혀 없습니다.

개인적으로 의사를 동업자 의식이 가장 높은 집단으로 꼽습니다. 의사들은 타 병원, 타 의사를 쉽게 비방하지 않습니다.

타 학원을 비방하여 자신의 학원을 높이려는 행위는 사라졌으면 합니다. 인근 경쟁 학원을 비방하지 않고 타 학원도 배려하는 성숙한 문화가 대한민국 학원계에 있으면 좋겠습니다.

♦

강한 영어학원장 선서

의사들은 히포크라테스 선서로 의료 활동을 시작합니다. 2,500여 년 전 인물의 선서문이 지금까지도 큰 영향을 끼치고 있는 이유는 아마도 그 안에 담긴 사상이 의료인의 자긍심을 일깨워 주고 행동의 길잡이가 되어 주기 때문일 것입니다.

그래서 저는 가끔 이런 생각을 합니다. 학원인에게도 선서가 필요하지 않을까? 학원 창업 및 운영에 지침이 될 수 있는 철학이 있어야 하지 않을까?

적절한 지침이 있다면 학원 운영에 적지 않은 도움이 될 것이라 생각했습니다. 그래서 저도 한번 만들어 봤습니다. 제기 만든 선언문 내용은 이렇습니다.

1. 나는 강한 영어학원 원장이 될 자격이 있다.

2. 나는 늘 연구하고 공부하여 계속 강해질 것이다.

3. 나는 환경과 타인을 탓하는 학원장이 되지 않겠다.

4. 나는 '미래 인재 양성'이라는 사명감을 가질 것이다.

5. 나는 '학생들의 영어 실력 향상'이라는 학원의 존재 이유를 잊지 않을 것이다.

6. 나는 학부모와 학생에게 최고의 교육 서비스를 제공할 것이다.

7. 나는 실패와 역경도 극복해 나갈 것이다.

8. 나는 경쟁 학원과 공정한 경쟁을 할 것이다.

9. 나는 학생과 학부모의 의견에 귀 기울일 것이다.

10. 나는 사업의 지속성을 위해 꾸준히 수익을 창출할 것이다.

이 선언문을 토대로 나만의 '강한 영어학원장 선서'를 한번 만들어 보시면 어떨까요?

◆ 약한 영어학원장의 말, 생각 그리고 선서

1. 이 동네 학생과 학부모는 도대체 왜 이래?

2. 이 영어 프랜차이즈는 왜 이 모양이야?

3. 경기는 언제 좋아지는 거야?

4. 바빠 죽겠는데 학원 청소는 무슨?

5. 학원 출근은 수업 시작 10분 전이면 충분해.

6. 아껴야 잘살지. 학원에 투자할 필요 없어.

7. 난 아날로그 감성의 사람이야. 컴퓨터로 하는 게 수업이야?

8. 한 타임에 열 명 이상 가르친다고? 난 고고한 교육자야, 장사꾼이 아냐!

9. 동료 학원장 만나면 피곤하기만 하더라. 그래서 난 아무도 안 만나.

10. 오늘도 정성스럽게 가르친 애들이 퇴원했어. 충격이 너무 커. 학원일 너무 힘들어.

11. 세미나 참석? 내가 그런 상술에 넘어갈 줄 알아?

12. 학부모 간담회? 아휴 나 힘들어서 안 해.

13. 학원 블로그? 인스타? 나 그런 거 체질에 안 맞아.

14. 홍보는 안 되는 학원임을 드러내는 거 아냐?

15. 성공 학원? 지역이 좋아서일 뿐이야.

16. 그 학원장? 내 밑에서 강사 하던 사람이야.

17. 나는 돈 벌 생각 없어, 그냥 취미로 하는 거야.

18. 학원 이벤트? 그거 너무 힘들잖아! 준비할 게 얼마나 많은 줄 알아?

19. 난 그냥 영어 공부하는 게 좋아. 공부만 할 거야.

20. 학원일이 세상에서 제일 힘든 일이야.

강한 영어학원장의 선서는 열 가지로 정리했는데 약한 영어학원장의 선서는 줄여도 20가지나 나오네요.

얼마 전 매우 놀라운 이야기를 들었습니다. 관리형 독서실도 줌 zoom 으로 관리하는 곳이 있더군요. 줌으로 관리를 하니 공간을 차지하지 않아 평소보다 학생이 100명 더 있다고 합니다. 최악의 상황을 최선의 상황으로 바꾼 것입니다. 감탄이 절로 나옵니다.

역시 생존과 성공은 환경이 아닌 나 자신에게 달려 있습니다.

♦

칠판 닦는 조교에서 대강사로

이 강사분이 강의를 시작했을 때 학원 내부에서 이런 말들이 들렸습니다.

"아니, 칠판 닦던 사람이잖아!"

네 맞습니다. 이 강사분은 대형 입시 학원에서 칠판을 닦던 학원 조교 출신입니다. 칠판을 닦는 아르바이트를 하며 묵묵히 강의를 연구했고 실력을 키웠습니다. 후에는 결국 그 실력을 인정받아 국내 최대 온라인 입시 학원에서 수학을 강의하게 되었고, 학원 초창기 멤버로서 회사의 주식을 받았습니다. 그리고 그 회사가 주식시장에 상장되어 대박을 칩니다. 당시 아시아나 주식 총액을 넘어섰습니다.

이 강사분은 최고의 타이밍에 주식을 매각했습니다. 주식 가격이 역대 최고 상한가일 때 매각을 한 것입니다. 이것으로 엄청난 현금을 확보하고 강남에 위치한 빌딩을 매입했습니다. 제가 듣기로는 강남역 근처에 있는 그 빌딩의 현재 가치가 수백억 원을 넘는다고 합니다. 누가 들어도 알 수 있는 유명한 업체가 입주해 있는 대형 빌딩입니다.

이 강사분은 처음 강의를 시작했을 때 '칠판 닦던 사람'이라는 주위의 비아냥거림에 개의치 않고 자신만의 수학 개념을 만들어 내어 크게 성공했습니다. 지금은 은퇴하시고 다니시는 교회의 해외 선교 활동에 힘을 쏟고 계시고, 청소년 장학 제도에도 관심이 커 활발히 장학 활동을 하고 계십니다. 이 분이 칠판 닦이 출신이라는 말에 마음 상하고 힘들어했다면 현재의 위치에는 도달하기 어려웠을 것입니다.

누구라도 어려운 시기, 무시 당하는 시기는 있습니다. 중국 역사에서 전쟁의 신이라고 불리는 한나라 통일의 주역 한신은 동네 불량배들 가랑이 사이를 기어가는 굴욕도 겪었습니다.

누군가가 나를 무시해서 상처 받으셨나요?

내 처지가 너무 초라해 보이시나요?

작은 공부방 한다고 누가 무시하나요?

돈만 아는 학원장이라는 비방의 소리가 들리나요?

그렇다면 그렇게 생각하라고 하세요.

상대방의 생각까지 내가 바꿀 수는 없습니다.

중요한 것은 나 자신입니다.

스스로 당당하면 됩니다.

묵묵히 나의 삶을 살아가면 됩니다.

차근차근 멋진 미래를 만들어 가면 됩니다.

칠판 닦던 이 강사분처럼 말입니다.

Chapter 3

학원 창업 이야기

성인 영어학원 창업

성인 영어학원 운영은 주니어 영어학원 운영과 무척 다릅니다. 우선 재등록률이 주니어 학원에 비해서 현저히 떨어집니다. 주니어 학원은 학생들이 한번 등록하면 보통 1년 이상 다니는 경우가 많으나, 성인 학원의 경우에는 연초인 1월, 2월에 반짝 등록하고 이후 재등록률이 급격히 감소합니다. 시간이 지날수록 수강생이 감소하는 것은 학원 경영에 있어 심각한 위협 요소인 데다가 이를 만회하기 위한 과다한 홍보비 지출이 필연적으로 발생하니 정말이지 악순환의 연속입니다.

게다가 성인들은 주니어 학생들에 비해 공부를 열심히 하지 않습니다. 대부분이 직장인이라 생활 자체가 바빠 공부에만 집중하기 어렵습니다. 심지어 직장에서 학원비가 지원되는 경우에는 동기가 더욱 약합니다.

또한 성인 학원은 입지가 상당히 중요하여 시내 중심지의 전면 도로에 위치하고 있어야 합니다. 이는 상당한 임대료 부담을 의미합니다.

결국, 성인 학원은 이미 탄탄한 브랜드 파워를 확보한 학원만 성공할 수 있는 구조입니다. 다만, 후발 주자라도 토익 등 시험 대비 전문학원은 결과만 있으면 빠르게 성장할 수 있습니다. 과거 박정어학원이 그러했고, 후발 주자인 해커스가 좋은 사례입니다. 토플과 토익에서 탁월한 명성을 얻어 단기간에 급성장한 학원들입니다.

하지만 지방이라면 상황이 다릅니다. 수도권에 비해 성공 가능성이 훨씬 큽니다. 경기도 주민들은 조금 멀어도 성인 학원은 강남에 위치한 학원을 선택할 가능성이 매우 크기 때문입니다. 유명 성인 학원이 몰려 있는 강남과 멀리 떨어져 있고 직장이 많은 지역이라면 성인 영어학원 창업에 적절한 곳입니다.

♦

학벌이 좋아야만 학원 사업 성공한다?

좋은 학벌이 영어학원 사업의 성공에 있어서 유리한 조건임은 틀림없습니다. 학벌이 좋으면 아무래도 학부모들의 신뢰가 더 클 수 있습니다. 그러나 학벌이 좋지 않다고 해서, 외국 유학 경험이 없다고 해서, 영문학을 전공하지 않았다고 해서 지나치게 위축되지는 않았으면 합니다. 이를 역이용해서 스토리를 만들 수 있습니다. 자신만의 스토리와 운영 철학이 매우 중요합니다.

한 원장님은 학원 블로그를 통해 이렇게 자신을 홍보하시더군요.
"저는 학창 시절에 공부를 열심히 하지 않았습니다. 그래서 중하위권 학생들의 마음과 영어를 못하는 이유를 알고 있습니다. 그러니 저의 학원으로 자녀를 보내세요!"
이런 스토리였습니다. 이렇게만 했으면 신뢰를 주기에는 조금 부족할 수 있습니다. 그러나 원장님은 SAT까지 강의를 합니다. 이는 학력은 부족하지만 실력은 최상급이라는 충분한 메시지를 줍니다. 중하위권 학생들은 이 학원을 선택할 가능성이 높습니다.

학벌이 조금 부족한 것과 실력이 없는 것은 다릅니다. 중·고등 전문학원의 경우, 시험 성적이라는 객관적인 결과물 앞에 학벌은 무의미해집니다. 학생들의 실력을 향상시키고 학생들과 잘 융화되는 선생님이 더 강한 선생님입니다.

2년제 대학을 나와서 대형 성인 학원에서 유명한 강사가 된 경우도 보았습니다. 처음 강의를 할 때는 동료 강사들의 수군거림도 있었지만, 각고의 노력 끝에 월수입 3천만 원이 넘는 학원 대표 토플 리스닝 강사가 되었습니다.

학원 위치를 잘 선정하여 성공한 사례

조금 오래되긴 했지만 현재의 상황에도 참고가 될 수 있어 소개해 보고자 합니다. 프랜차이즈 본사에서 근무하던 1997년도에 수원의 호매실동이라는 지역을 가맹 상담 차 방문한 적이 있었습니다. 당시 저는 학원업계에 입문한지 1년도 안 된 초보자 신분이었지만 호매실동을 방문하면서 가슴이 뛰는 것을 느꼈습니다. 학원 하기에 최고의 지역이라는 강한 확신이 왔습니다. 하지만 아쉽게도 당시 계약은 성사되지 않았습니다.

그리고 2년 뒤, 드디어 호매실동의 한 원장님과 가맹 계약이 이루어집니다. 강의 경험이나 학원 운영 경험이 전혀 없는 분이었는데, 자녀를 보내던 영어학원 프로그램에 완전히 매료되어 학원 창업을 꿈꾸게되었고 마침내 계약까지 체결하게 되었습니다. 학원 경험이 전혀 없었으니 무모한 개원일 수 있었으나 개원 1년 만에 300명을 돌파할 정도로 소위 대박이 났습니다.

원장님의 성공은 입지의 영향이 매우 컸다고 지금도 생각합니다. 당시의 호매실동은 제 기준으로 최적의 학원 입지였습니다. 그 이유를 말씀드리면 다음과 같습니다.

1. 적절한 세대수

당시 세대수가 10,000세대 정도 되었습니다. 이 정도 세대수는 학원 시장 규모는 충분히 나오면서 대형 어학원이 진입하기에는 너무 작은 시장을 의미합니다. 즉, 향후 강력한 경쟁자가 등장하지 않는 다는 것입니다.

2. 섬처럼 고립된 지역

지역이 특이해서 섬같이 고립되어 있습니다. 가장 인근 학원가인 수원 정자동에서 대형 어학원이 차량으로 학생을 공략하기에는 거리기 많이 떨어져 있습니다.

3. 브랜드 어학원의 부재

아주 작은 군소 브랜드만 있는 상태였고, 그마저도 영어 전문학원은 거의 없는 지역이었습니다.

4. 탄탄한 수득 수준

소형보다는 중대형 평형 위주의 아파트 단지이므로 소득 수준이 탄탄하다고 짐작할 수 있습니다.

아마도 이 지역은 브랜드 어학원의 등장을 기다리는 지역이었을 것입니다. 그래서 원장님은 바로 큰 성공을 거둔 것입니다. 지금 학원 창업을 계획하고 계시다면 위의 입지 조건을 참조해 보시는 것도 좋을 것 같습니다.

◆ 프랜차이즈의 지역별 인지도 차이

전국적으로 영향력이 고른 대형 브랜드를 제외한 중소 학원 규모의 프랜차이즈 브랜드 파워를 보면 지역별로 편차가 큰 경우가 많습니다. 같은 프랜차이즈 브랜드라고 하더라도 잘되는 지역이 있는 반면에 특정 지역에서는 전혀 힘을 쓰지 못합니다.

제가 정철어학원에서 근무할 때, 경남 창원 지역에 아주 잘하는 가맹 학원 원장님이 계셨습니다. 학원 수강생이 1,000명을 넘었습니다. 당시 활황이었던 업계 상황을 고려하더라도 상당한 숫자입니다. 이후 창원 지역에 같은 정철 브랜드가 4개까지 늘어났는데 모두 잘되었습니다. 이것은 한 선도 학원의 힘으로 창원 지역 내에서 정철이라는 브랜드 파워가 생겼기 때문일 것입니다.

결국 학원 브랜드 파워는 학원장이 만들어 가는 것이라고 볼 수 있습니다. 시스템과 커리큘럼이 학원 성공의 핵심이었다면 지역에 상관없이 전국에서 브랜드 파워가 동일해야겠지요. 그만큼 학원 사업은 학원장의 역할이 중요합니다.

이런 특성을 활용하여 창업하려는 지역 내에서 인지도가 높은 영어 프랜차이즈로 학원을 창업하는 방법이 있습니다. 반대로, 창업을 원하는 지역에서 내가 선택하려는 프랜차이즈의 브랜드 파워가 약하다면 고민을 해 보셔야 하겠습니다. 인지도가 약해서 향후 고전할 수 있기 때문입니다.

그러나 중요한 것이 있습니다.

능력 있는 원장님들은 결국 성공합니다.

능력 있는 원장님들은 어떤 상황에서도 방법을 찾아냅니다.

♦

공부방은 거실에서 운영? 방에서 운영?

공부방은 창업비가 저렴하고 운영 비용이 거의 들지 않아 첫 학원 창업 시 적극 권장하는 형태입니다. 리스크가 매우 적으면서도 개인의 능력에 따라 수입은 상당할 수 있는, 보기 드문 사업 분야죠.

그런데 공부방 창업 희망자들이 꼭 한번씩 고민하는 부분이 있습니다. '거실에서 운영해야 하나? 아니면 방에서 운영해야 하나?'

아마도 의견이 엇갈릴 것으로 생각합니다만, 저는 이 부분에 대해 확신을 가지고 있습니다. 성공적인 공부방 운영을 위해서는 거실을 활용하는 것이 좋습니다.

학부모의 입장에서 생각하면 간단히 이해할 수 있습니다. 방에서 공부방을 운영하면 학부모들은 어떤 인상을 받을까요? 우선, 방은 좁습니다. 답답한 느낌을 줄 수 있습니다. 자녀들이 답답해하는 것을 좋아할 학부모는 없을 것입니다. 공부방을 직업으로 한다는 인상을 학부모에게 주기 어려울 수도 있습니다.

그렇다면 거실을 활용하면 어떤 효과가 있을까요?

거실은 넓습니다. 웬만한 영어 교습소보다 큽니다. 또한 학부모에게 '전문적인 곳'이라는 느낌을 전달합니다. 파티션과 큰 책꽂이를 배치하여 공간을 적절히 구분하면 상당히 전문적인 곳이라는 인상을 줄 수 있습니다.

또한 집의 가장 중심적인 공간을 활용하는 것이니 운영하는 마음가 짐이 방에서만 하는 것과는 달라집니다. 방에서만 공부방을 운영하는 경우는 가족의 동의를 얻지 못했거나 가족을 우선시한, 차선의 선택이 대부분일 것입니다. 그만큼 정신적으로 위축되어 있을 수 있다는 의미 입니다. 물론 방에서 운영해도 잘하시는 분들이 있습니다만, 그럼에도 한계는 있다고 봅니다.

단, 거실을 활용해 공부방을 운영하기 위해서는 가족 모두의 동의가 필수입니다. 하지만 동의를 받았다 하더라도 향후 갈등의 소지가 있습 니다. 일찍 철이 든 어린 자녀들이 불편하지만 아무 말도 하지 못하는 경우도 보았습니다. 가족의 여러 가지 상황을 고려하여 신중하게 결정 하시기 바랍니다.

♦

학원 창업하기 좋은 지역

"어느 지역이 학원 하기 좋아요?"

무척 많이 받는 질문입니다. 그러나 상당히 포괄적인 질문으로 쉽게 대답하기는 어렵습니다. 학원장 개개인의 교육 배경, 운영 역량에 따라 좋은 위치가 다를 수 있기 때문입니다. 더욱이 요즘에는 거의 전국의 모든 지역이 학원 포화 상태로 좋은 지역의 의미가 거의 없습니다. 그러나 창업 지역 선정 시 반드시 고려해야 할 몇 가지 요소(법적인 사항 제외)에 대한 저의 의견을 요약해 보겠습니다.

1. 집과 학원과의 거리

차량으로 편도 40분이 넘으면 곤란합니다. 학원이 집과 너무 많이 떨어져 있으면 학원에 대한 애착이 떨어질 수 있으며, 갑작스러운 입학 상담 등 여러 업무에 불편함이 있습니다.

반면에 자택과 학원이 너무 가까우면 사생활 노출 등으로 불편함을 느낄 수 있습니다. 이런 부분을 고려했을 때 편도 20분 이내가 가장 적절하다고 봅니다.

2. 매스컴에 자주 소개되는 지역

매스컴 등에 자주 노출되는 유명 지역은 피하는 게 좋습니다. 유명 지역은 상가 임대료에 거품이 발생하며, 고층 상가가 많아 시장 규모에 비해 학원이 지나치게 많을 가능성이 농후합니다. 그러나 좋은 학벌과 경험, 뛰어난 학원 운영 능력을 갖춘 원장님이라면 오히려 이러한 지역이 창업에 유리할 수 있으니 참고하세요.

3. 고립되어 있는 지역(섬 같은 지역)

고립되어 있으면서 세대수가 어느 정도 갖추어진 지역이 있다면 그곳이 최고의 학원 창업 지역입니다. 고립되어 있어서 대형 어학원은 들어오기 어렵고, 타 지역에서 차량을 이용하여 공략하기도 어려운 지역에 경쟁력을 갖춘 원장님이 학원을 창업하면 성공 가능성이 매우 큽니다. 주로 읍 단위 지역에 이런 시장이 있습니다. 다만 이런 지역은 강사 채용이 어렵다는 단점이 있으므로 1인 학원으로 창업하거나 부부가 운영하는 것이 좋습니다.

4. 학원장의 경쟁력

학원장이 경쟁력이 있다면 큰 지역에서 승부를 거는 것이 유리할 수 있습니다. 특히 중·고등부 강의가 강하면 더욱 그렇습니다. 그러나 그런 경우라도 학원이 자리를 잡는 데에 시간이 오래 걸릴 수 있으며 홍보비가 많이 들어갑니다. 그러므로 초보 학원장이나 교육적인 백그라운드가 약한 경우에는 경쟁이 상대적으로 덜한 외곽 지역에 학원을 창업하는 것이 유리합니다.

5. 초등학교 앞

리스크가 적은 학원 창업 장소로 안정적인 학생 모집이 가능합니다. 그러나 대형 어학원으로 성장하기는 어렵습니다. 대상이 초등학생으로 한정될 가능성이 높기 때문입니다.

6. 아파트 단지 내 상가

안정적인 학원 운영이 가능합니다. 혼자서 운영하는 1인 학원 형태라면 단지 내 상가를 적극 추천합니다. 과거에 비해 단지 내 상가 임대료도 많이 떨어졌습니다. 무엇보다 단지 내 상가는 관리비가 매우 저렴합니다. 단, 건물 관리업체가 없어 단지 내 상가의 상인들이 자체적으로 건물을 관리하는 경우가 많아 불편할 수 있습니다.

♦

대형 어학원 인수를 계획한 예비 학원장

몇 년 전에 영어학원 창업을 계획한 분을 만난 적이 있습니다. 어찌어찌해서 저에 대한 소식을 듣고 어머니와 아들이 함께 찾아오셨습니다. 어머니는 아들의 영어학원 창업을 돕고자 매물로 나온 영어학원 인수를 계획하고 있는데, 이에 대한 저의 의견을 듣고 싶다고 하셨습니다.

매물로 나온 학원은 대형 어학원 브랜드의 본사 직영 학원이었으며, 서울 광진구에 위치하고 있었습니다. 당시 학생 수는 약 200명으로 적지 않았는데, 운영비 지출이 워낙 커서 계속 적자가 나고 있는 학원이었습니다. 임대료와 관리비만 월 1,000만 원이 넘었습니다. 강사 급여와 차량 운영 비용 등을 감안하니 월 1,000만 원 정도의 적자였습니다.

저는 30대 초반으로 보이는 동행한 아들에게 강의 경험 및 학원 운영 경험 등 기본적인 몇 가지를 질문했습니다. 강의 경험도 없고 운영 경험도 전혀 없었습니다. 영어 실력을 물으니 1년 정도 어학연수를 다녀온 경험이 있다고 했습니다.

저는 계속 질문했습니다.

"왜 영어학원을 하려고 하세요?"

"아이들을 좋아하고 영어를 좀 할 줄 알아서요."

"그러면 이 학원을 인수하려는 이유는요?"

"권리금이 매우 싸게 나왔습니다."

어머니께 투자 계획을 여쭤보니 그래도 사업인데 5억은 투자해 줘야 하지 않겠냐고 하시더군요. 아들이 결혼도 했는데 아직 특별한 직업이 없다면서 좋은 기회를 주고 싶다고 하셨습니다. 창업 관련 모든 비용은 부모님의 도움으로 계획하고 있었습니다. 그리고 학원 창업의 가장 큰 목적은 '아들의 직업 찾기'였습니다.

계속 많은 대화를 나눴는데 대화를 할수록 걱정이 커졌습니다. 대형 어학원을 운영하기에는 무리라는 생각이 들었기 때문입니다. 그래서 저는 교습소로 먼저 경험을 쌓은 후 큰 학원에 도전하라고 조언했습니다. 아쉬운 마음이 들더라도 그 학원은 잊는 것이 좋겠다고 권유하면서 말이죠.

이후의 소식은 제가 알지 못합니다. 학원을 인수했는지 교습소 창업을 했는지는 확인하지 않아서 모릅니다. 만약 인수했다면, 2년 안에 몇 억은 손해 보지 않았을까 예측해 봅니다.

창업에 앞서 지나치게 걱정과 고민이 많은 것도 문제지만
이런 무모한 창업은 정말 위험합니다.

♦

영어학원 창업의 이상과 현실

과거에 만났던 한 예비 창업자의 영어 유치원 창업 계획입니다.

영어 유치원은 강사의 질이 가장 중요하다. 그래서 반드시 교사 자격증을
가진 원어민으로만 강사진을 구성하여 영어 유치원을 운영하겠다. 당연히
급여는 일반 원어민 강사와 비교하여 더 높게 지급할 것이다.
시설도 좋아야 한다. 반드시 일반 건물이 아닌 마당이 있는 단독 건물에
영어 유치원을 개설할 것이다. 이것은 결국 영어 유치원의 경쟁력을 높이
는 바람직한 투자가 될 것이다.

이런 분도 뵈었습니다.

덜 준비한 상태로 영어학원을 개원하는 것은 학부모와 학생에 대한 기만
이며 프로답지 못한 것입니다. 그래서 저는 개원 1년 전부터 강사를 채용
하여 정규 급여를 지급하며 강사에 대한 철저한 교육을 진행하고 교재를
연구하게 하여 완벽한 커리큘럼을 갖춘 후 개원할 계획입니다. 저는 기존
의 영어학원과는 완전히 다르게 운영하고 싶습니다!

두 사례의 결과는 어떻게 되었을까요?
첫 번째 사례의 예비 원장님은 호기롭게 준비하였지만 기준에 맞는

원어민 강사를 구하지 못해 개원을 포기했습니다. 차라리 개원 전 포기한 것이 다행이라고 봅니다. 지속성을 확보하기 힘든 원어민 강사 채용 기준 때문입니다. 채용 기준에 적합한 원어민 강사를 채용한다 해도 비싼 급여로 인해 수익을 내기 어려웠을 것입니다.

두 번째 사례도 성공하지 못했습니다. 채용된 강사 두 분이 일도 하지 않는데 급여 받는 것이 미안하다며 퇴직했습니다. 결국, 학원장도 학원 사업을 접고 재취업했습니다.

제가 생각하는 두 사례의 실패 원인은 학원 사업에 대한 존중심 부족과 지나친 자신감입니다. 저는 두 분과 많은 대화를 나누었습니다. 그러나 두 분 모두 제 말을 경청하는 것 같지 않았습니다. 겉으로는 듣는 척하지만 저를 학원업의 고정관념에 빠져 있는 사람으로 생각하는 느낌이 들었습니다. 또한 자신에게 필요하다고 생각하는 지식만 골라 듣는 느낌을 받았습니다. 이는 대기업 출신에게서 많이 볼 수 있는 유형입니다. 아마도 세계를 무대로 활동하던 큰 기업 출신이니 그런 생각을 할 수도 있겠죠.

하지만 어디든 치열한 경쟁이 있는 곳에는 수많은 시련을 견뎌 낸 강자들이 있습니다. 새롭게 진출하려는 분들이 생각하는 혁신적인 전략은 이미 시장에서 수없이 시도된 적이 있는 전략일 수 있습니다. 그러나 상대, 즉 시장을 얕잡아 보면 그런 것들이 눈에 잘 보이지 않습니다.

새로운 사업 분야 진입 시 지나치게 두려워할 필요는 없으나 겸손한 자세는 반드시 필요하겠습니다.

학원 권리금 결정 중요 요소들

학원 창업 형태 중에는 기존의 학원을 인수하여 창업하는 경우가 있습니다. 학원을 인수하는 경우에는 권리금이 발생하는데, 권리금을 결정하는 중요 요소들을 정리해 보겠습니다.

1. 학생 수

학생 수가 많을수록 당연히 권리금은 높아집니다. 그러나 학생 수가 많아도 비용 지출이 많아 순이익이 적으면 권리금은 떨어집니다.

2. 순이익

학원의 순이익이 많을수록 권리금은 높아집니다.

3. 임대료와 관리비

임대료는 학생 수, 학원 순이익에 가려 간과할 수 있는 중요한 요소입니다. 아무리 현재의 학생 수가 많고 수익이 좋아도 임대료가 높으면 인수 후 어려운 상황에 처할 수 있습니다. 임대료와 관리비가 높으면 권리금은 낮게 책정되어야 합니다.

4. 학원 시설

학생이 많으면 어느 정도 고려해야 할 부분이지만 학생이 없으면 아무리 시설이 좋아도 권리금 책정에 큰 영향을 주지 않습니다.

5. 프랜차이즈 가맹 여부

프랜차이즈 가맹 학원의 경우, 학원장과 강사에 대한 의존도가 낮아 권리금이 더 높게 책정될 수 있습니다. 반면 개인 브랜드 학원은 권리금이 낮게 책정되어야 합니다. 학원장이 바뀔 시 대규모 퇴원이 발생할 가능성이 크기 때문입니다.

6. 학원 인가 여부

불법으로 운영되고 있는 학원은 권리금 자체가 형성될 수 없습니다. 그러므로 인수 고려 대상 자체가 되지 않습니다.(그러나 현실에서는 거래가 되고 재앙이 되는 경우를 목격한 바 있습니다.)

7. 학원장 수업 여부

학원장 수업이 많을수록(학원장 의존도가 높을수록) 권리금은 낮게 책정되어야 합니다.

8. 학원 위치

학교 앞이나 아파트 단지 내 상가에 위치한 학원의 경우에는 권리금이 높게 책정될 수 있습니다. 입지가 좋아 비교적 안정적인 학원 운영이 가능하기 때문입니다.

9. 학원 주변 상권 변화

멀지 않은 거리에 신도시나 대단지 택지 지구가 형성된다면 권리금은 낮게 책정되어야 합니다. 그 지역으로 이사 가는 가정이 발생하고 중심지가 바뀔 수 있기 때문입니다.

10. 학원 설립 기간

한 학원장이 지나치게 오래 운영한 학원은 권리금이 낮게 책정되어야 합니다. 학원장의 영향력이 커서 인수 후 학생 이탈 가능성이 매우 크기 때문입니다. 반대로 학원장이 자주 바뀐 학원도 있습니다. 이런 경우도 권리금이 낮게 책정되어야 합니다. 학부모들이 또 바뀔 것을 염려하여 등록을 망설이거나 배제하기 때문입니다.

11. 현재 나의 상황

사실 이것이 가장 중요한 요소입니다. 여러 상황으로 인수가 급한 인수자 입장이라면 더 높은 금액을 지급해야 하고, 매각이 급한 매각자의 입장이라면 권리금은 낮아집니다.

♦

준공일자에 맞춰서 개원?

인천에서 학원을 운영하시다가 경기도로 이전하여 개원하려는 원장님이 있었습니다. 원장님은 건축 중인 한 상가를 계약했습니다. 건축 회사에서 약속한 12월 말 준공을 믿고 아직 완공되지 않은 상가를 임대차 계약한 것입니다. 원장님의 계획은 다음과 같았습니다.

'12월 말 준공 직후 인테리어를 하고 교육청에 학원 설립 신청을 한다. 그러면 인가부터 홍보까지의 시간이 충분하니 3월 신학기를 대비할 수 있다!'

그런데 문제가 발생합니다. 이런저런 이유로 건물의 준공(사용 승인)이 늦춰집니다. 원장님은 초조해집니다. 3월 신학기를 대비하기 위해서는 2월 중순부터 집중적인 홍보를 해야 한다는 것을 알기 때문입니다.

예정일보다 1개월 지난 1월 말까지도 사용 승인이 떨어지지 않습니다. 상가 주인은 원한다면 임대차 계약을 해지해 주겠다고 합니다. 그러나 원장님은 쉽게 해지 결정을 할 수 없습니다. 구역권이 설정된 프랜차이즈 계약도 되어 있어 임대차 계약을 해지하고 다른 지역으로 이동하기도 무척 난감한 상황이었습니다.

원장님은 결단을 내립니다. 사용 승인이 나지 않았으나 불법으로 학원 인테리어를 감행합니다. 결국 2월 말 경에 사용 승인이 떨어지고 원장님은 운 좋게도 학원 설립 신청을 해서 교육청 인가를 받습니다.

여러 가지로 아찔한 상황이었습니다. 그러면 이렇게 준공이 늦어지는 경우가 흔히 볼 수 없는 원장님만의 특수 상황이었을까요?

그렇지 않습니다. 건축물의 사용 승인은 예정보다 늦춰지는 경우가 적지 않게 있습니다. 한두 달 늦어질 수도 있지만 수 개월 늦춰지는 경우도 간혹 있습니다. 사용 승인이 늦춰지면 건축 회사도 상당한 어려움에 처합니다. 지연 보상금 등 법적인 문제에 직면합니다. 그럼에도 해결하지 못하는 것은 그들의 능력 범위를 벗어나기 때문입니다. 관할 구청에서 인가를 내 주지 않으면 방법이 없습니다. 항의해도 달라질 게 없다는 의미입니다.

학원을 시작하기도 전에 이런 어려움에 빠지지 않으셨으면 합니다. 사용 승인이 이미 나 있는 건물에 학원을 창업하시는 것이 안전하겠습니다. 약속한 기한 내에 사용 승인이 난다는 말을 믿는 것은 위험할 수 있습니다.

♦

예비 학원 창업자의 창업 확률

그동안 수많은 예비 학원 창업자들을 만났습니다. 예비 학원 창업자의 이력을 확인하고 대화를 나누다 보면 이분이 실제로 학원을 창업할 분인지 아니면 관심 정도로 그칠 분인지 대충 감이 옵니다. 저는 다음과 같은 유형의 분들은 창업 확률이 매우 낮다고 봅니다.

1. 타인에게 자신의 성공 가능성을 묻는 예비 학원 창업자

'저 학원 잘 할 수 있을까요?' 라고 온라인 등에서 전혀 모르는 타인에게 묻는 유형의 분들입니다. 창업 결정을 타인에게 물을 정도로 창업 동기가 약하고 자신감이 부족한 분들은 창업 가능성도 낮고 창업을 해서도 안 됩니다.

2. 좋은 학원 자리 찾아 삼만 리

"이 지역은 학원 하기 어떤가요?"

"저 지역은 어떻고요?"

계속 지역만 묻는 유형입니다. 어느 날은 '수원은 어떤가요?' 했다가 어떤 날은 '대전은 어떤가요?' 등 대한민국 전체 지역에 관심이 있습니다. 이렇게 좋은 자리만을 찾다 포기하는 경우가 대부분입니다.

3. 시장 상황에 지나치게 민감한 유형

신문 기사의 내용이나 개원하고자 하는 지역의 부정적인 소식에 과도하게 민감한 반응을 보이는 유형입니다. 긍정적인 소식에는 반응이 없고 부정적인 소식에만 관심을 갖고 걱정합니다.

4. 안정된 직장에서 근무하는 가장

대기업에 다니는 분들이 창업을 계획하는 경우가 의외로 있습니다. 직장 내 스트레스가 극심해서라고 하더군요. 이런 유형의 분들은 직장에서 배운 대로 철저히 시장 조사를 합니다. 열심히는 알아보나 결국 학원을 창업하지 않습니다. 가장 신분으로 갑작스러운 학원 창업은 리스크가 너무 크기 때문입니다.

5. 지나치게 두려움이 많은 유형

영어 공부방 창업을 계획한 분에게 이런 질문을 받은 적이 있습니다.
"저 망하면 어떡하나요?"
"망할까 봐 너무 두렵습니다."
아니 자택에서 창업하는 공부방 창업이 실패해서 망하면 얼마나 망하나요? 막연한 두려움이 있는 유형입니다.

6. 명예퇴직자

명예퇴직을 하면 보통 나이가 많으며 선택지가 지나치게 많습니다. 다양한 업종을 창업 대상으로 고려하는 것입니다. 나이가 많아 신중하며 고려하는 업종이 너무 많아 학원을 창업할 가능성은 매우 적습니다.

♦

무료로 학원 간판을 지원해 드립니다?

학원장들이 많이 보는 학원 전문 잡지에서 본 어느 영어 프랜차이즈 본사의 가맹 학원 모집 홍보 타이틀입니다. 국내에서 상당히 브랜드 파워가 있는 영어 교육 업체입니다. 그렇다면 홍보 내용대로 정말 무료로 가맹 학원에 간판을 지원하는 것일까요? 네, 맞는 말일 수 있습니다. 프랜차이즈 본사 논리로는 말입니다.

표면적으로는 간판 비용을 가맹 학원에 청구하지 않는 것이 사실입니다. 공짜로 간판을 설치해 줍니다. 그런데 조건이 있습니다. 일정액의 의무 교재 구매 특약을 설정합니다. 예를 들어, 1년 동안 교재 몇 권 이상을 의무적으로 본사로부터 구입한다는 특약을 반드시 설정하는 것입니다. 막 개원하여 학생 수가 적어 약속된 교재를 구입할 여력이 되지 않아도 의무적으로 일정량의 교재를 구입해야 합니다. 이런 경우 공짜가 맞는 건가요?

그렇다면 왜 프랜차이즈 본사는 학원 간판을 지원하는 것일까요? 학원 간판은 브랜드를 알릴 수 있는 대표적인 외부 홍보물이기 때문입니다. 또한 브랜드 전환이나 개원 시 학원이 가장 필요로 하는 것이기 때문입니다.

무료 간판 지원에 솔깃하여 특약 내용을 확인하지 않거나 경시하다 후회하는 학원장님들을 적지 않게 볼 수 있었습니다. 대부분 특약 내용을 아예 몰랐거나, 특약 내용을 알았지만 교재 구입이 어렵지 않을 것으로 예상한 것입니다. 또는 본사에서 특약 내용을 진짜로 집행하지는 않으리라 생각했다는 분들도 계십니다.

세상에 공짜는 없다는 말을 아시지요? 이 말의 의미를 알면서도 많은 분들이 잊어버립니다. 꽤 큰 회사가 아직도 저런 타이틀로 가맹 학원을 모집하는 걸로 봐서는 그동안 효과를 봤다는 것입니다.

가맹 사업을 위한 프랜차이즈 본사의 영업 전략을 비하할 생각은 없습니다. 그러나 특약 내용에 대한 설명이 충분히 있어야 할 것입니다. 그것이 신뢰할 수 있는 공정한 계약입니다.

◆

제가 영어, 수학 모두 강의해도 될까요?

원장님들께 간혹 받는 질문입니다. 법적으로 두 과목 모두 가능한지 궁금한 것이 아니라 학부모의 인식을 우려한 질문입니다. '한 선생님이 영어와 수학을 모두 강의하면 전문성이 떨어져 보이지 않을까?' 하는 걱정에서 비롯된 질문이죠.

초등학생 전문 공부방을 보면 한 선생님이 영어, 수학을 모두 강의하는 경우를 흔히 볼 수 있습니다. 혼자서 전 과목 강의를 하는 공부방도 있습니다. 중등부도 한 선생님이 영어와 수학 모두 강의하는 공부방을 볼 수 있습니다.

그러나 고등부의 경우는 다릅니다. 학벌이 매우 뛰어난 경우가 아니라면 고등부의 경우에는 영어, 수학 모두 강의는 전문적인 이미지를 주기 어렵다고 봅니다.

과거에는 고등부도 혼자서 전 과목을 강의하는 원장님들이 계셨습니다. 그러나 최근에는 보이지 않습니다. 중등부까지가 영어, 수학을 모두 강의할 수 있는 기준점으로 보시면 되겠습니다. 또한, 공부방이 아닌 학원 규모라면 초등부부터 한 과목으로 전문화하는 것이 좋겠습니다.

◆

학원 발목 잡는 잘못된 초기 학원 세팅

학원 창업 시 초기 세팅은 대단히 중요합니다. 초기 세팅이 잘못되면 후에 이를 변경하기 매우 어렵기 때문입니다. 그러면 향후 학원 발목을 잡는 잘못된 초기 세팅에는 어떤 것들이 있을까요?

1. 낮은 수강료

학원을 시작하는 경우에는 약자의 입장이므로 수강료를 지나치게 낮게 책정하는 경우가 있습니다. 법정 수강료나 시장 분석에 의한 전략적인 것이 아닌, 두려움에 의한 것이었다면 향후 학원장의 큰 고민거리가 될 수 있습니다.

2. 지나치게 적은 정원

수강료는 운영 중 인상할 수 있으나 정원은 한번 정해지면 늘리기 쉽지 않습니다. 초기에 설정한 정원이 너무 적으면 학원 규모가 성장했을 때 반드시 이로 인한 고민이 발생합니다. 예를 들어 3~4명 등의 지나치게 적은 정원은 피해야 합니다.

3. 과도한 학생 관리

숙제 검사, 리포트 카드 등 철저한 관리를 실시하는 경우가 있습니다. 좋은 취지임은 분명하나 학생이 늘어나면서 시간적인 여건이 되지 않아 중단하는 경우를 흔히 볼 수 있습니다. 이런 경우 학원의 이미지는 실추됩니다. 학생이 늘어나도 감당할 수 있는 선에서 학생 관리를 해야 합니다.

4. 학습 결과에 대한 무리한 약속

개원 초기에는 마음이 급한 나머지 학생의 학습 결과에 대해서 무리한 약속을 할 수 있습니다. '몇 개월 학습하면 영어를 읽을 수 있다'하며 파닉스 과정을 소개하거나 얼마 후면 스피킹이 된다는 약속을 합니다. 중고생의 경우에는 성적 상승 보장을 하기도 합니다.

실제로 구체적인 성적을 확답 받으려는 학부모들도 있습니다. 예를 들어 내신 1등급 보장 같은 약속입니다. 이를 약속하면 후에 엄청난 충돌이 발생할 수 있습니다. 학생 개개인의 능력이 다른데 어떻게 학습 결과를 보장할 수 있을까요? 그러니 절대로 약속하시면 안 됩니다.

정 약속을 하고 싶으시다면 학원도 학생에게 약속을 받아 내야 합니다. 예를 들어 결석 금지, 성실한 숙제 이행, 테스트 통과 등입니다.

5. 원어민 강사 고용

원어민 강사를 채용하는 문제는 매우 신중하게 결정해야 합니다. 한 번 고용하면 계속적으로 유지해야 하기 때문입니다. 구체적인 비전 없이 '영어학원이니까', '경쟁 학원에도 있으니까' 등의 이유로 원어민 강사를 고용하면 채용 및 관리의 어려움과 비용 등의 문제로 학원을 힘들게 할 수 있습니다. 향후 한국인 강사로 교체하기 쉽지 않으므로 신중한 결정이 필요합니다.

6. 학원 차량 운행 여부

차량을 운행하면 학생이 증가하는 것은 분명합니다. 그러나 차량을 운행하면 상당한 비용이 들 뿐만 아니라 이와 관련된 업무가 대폭 증가합니다. 특히 차량 관련 컴플레인은 감당하기 쉬운 수준이 아닙니다. 게다가 사고의 위험도 있어 학원장을 마음 졸이게 합니다.

유치부나 초등 저학년 위주의 학원이 아니라면 차량 운행은 하지 않을 것을 강력히 권유합니다.

♦

공부방 명도 소송

영어 공부방을 성공적으로 운영하던 지인 원장님의 사례입니다. 원장님은 아파트를 임차해서 공부방을 운영하고 있었는데, 어느 날 갑자기 집주인으로부터 계약 위반이니 집을 비워 달라는 명도 소송을 당했습니다.

영문을 모르던 원장님이 후에 파악한 내용은 이랬습니다. 원장님은 공부방 할 집을 알아보며 부동산 사무실에 공부방 용도로 임차하는 것임을 알렸습니다. 그러나 공부방이라고 하면 계약이 안 될 것을 염려한 부동산 사무실에서 이를 집주인에게 알리지 않고 계약을 진행한 것입니다. 당시 집주인은 외국에 있어 계약은 친척이 대신 해 주었습니다.

나중에 한국을 방문한 집주인은 자신의 집이 공부방으로 사용되고 있는 것을 보고 대노하여 바로 명도 소송을 제기한 것입니다. 집주인 입장에서는 화날 수 있습니다. 사전에 공부방이라는 얘기를 들은 적이 없고, 더욱이 새 아파트였기 때문입니다.

법정에 한번 다녀온 후 원장님은 별도의 항소 없이 퇴거하였습니다. 그리고 인근에 교습소를 설립해서 이전했습니다. 마침 아파트 단지 내에 빈 상가가 있어 어려움 없이 이전할 수 있었고, 다행히 교습소에서도 여전히 잘되었습니다.

이 사례를 통해 공부방 용도로 임차 시 집주인에게 이를 반드시 미리 알려야 함을 확실히 알아 둬야겠습니다.

그리고 되도록 소송에는 얽매이지 않는 것이 좋습니다. 법정 소송은 많은 시간과 에너지를 소비하게 하기 때문입니다. 원장님 입장에서는 부동산 사무실에 임차 용도를 분명히 밝혔으니 항소 여지가 있었을 것입니다. 공인 중개사에게 항의하고 책임을 부과할 수도 있었습니다. 그러나 원장님은 퇴거 후 교습소 개원이라는 실리를 선택했습니다. 지금 생각해 봐도 탁월한 선택이었습니다.

지역과 맞지 않았던 영어학원

1990년대 말 경기도 의정부에 위치했던 어학원 사례입니다. 알고 지내던 원장님으로부터 전화를 받는데 의정부에 대한민국에서 가장 시설이 좋은 어학원이 있으니 함께 방문해 보자는 것이었습니다. 시설이 대한민국에서 가장 좋다는 말에 관심이 가더군요. 그래서 함께 학원을 방문했었습니다.(사전에 전화도 하지 않고 그냥 무작정 방문했는데, 지금 생각해 보면 굉장히 무례한 행동입니다.) 원장님은 계시지 않았고 상담직원만 있었는데 조심스러워 했지만 학원을 둘러볼 수 있게 해주었습니다.

소문대로 시설이 어마어마했습니다. 단독 건물이었고 놀이터 등을 갖춘 유치원 형태의 어학원이었습니다. 화장실도 호텔급이었으니 다른 시설은 설명할 필요가 없을 정도로 훌륭했습니다.

상담 직원은 조심스레 학원에 대한 이런저런 얘기를 해줬는데, 수강생들이 그리 많지 않다고 했습니다. 지역에 비해 수강료가 너무 고가라 그런 것 같다고 하더군요. 저희는 좀 더 구경한 뒤 학원을 떠났습니다.

그런데 이 의정부 어학원 원장님을 3년 뒤인 2000년에 직접 만나게 되었습니다. 당시 저는 프랜차이즈 본사에서 근무하던 시절이었는데, 서울 창동의 한 학원에서 가맹 상담 요청이 있어서 방문하게 되었습니다. 대화를 나누다 보니 바로 이 원장님이 의정부 그 학원의 원장님이셨습니다. 세상 참 좁지요? 원장님은 의정부 학원을 운영하면서 창동에도 학원을 설립한 것입니다.

직접 뵌 원장님은 교육자보다는 열정 넘치는 사업가셨습니다. 의정부 학원은 잘 되지 않는다고 하시더군요. 원장님은 후회하고 있었습니다. 만약 의정부 학원을 강남에 설립하여 고가의 수강료로 운영했었더라면 상당한 성공을 했을 것이라고 원장님은 판단하고 있었습니다. 지금 생각하면 그때 원장님의 판단이 맞았던 것 같습니다. 수강료가 지역에 적절하지 않았습니다. 후에 의정부 학원은 매각되었고 창동 학원 또한 매각되어 원장님과의 소식이 끊겼습니다.

그리고 2년 후, 원장님의 소식을 아주 우연히 들을 수 있었습니다. 당시 저는 서초동에서 매우 잘나가는 영어 유치원에 근무 중이었는데, 인근에 강력한 경쟁자가 나타나 긴장하게 되었습니다. 전원 캐나다 출신 유치원 교사들을 강사로 채용하여 고가의 수강료로 운영하는 곳이었는데, 이에 대한 강남 학부모들의 호응이 대단했습니다.

이 영어 유치원의 원장님이 누구신지 예측 가능하시지요?

네, 맞습니다. 바로 의정부 어학원 원장님이었습니다. 역시 원장님은 사업가셨습니다. 사업가적인 마인드로 멋지게 성공한 것입니다. 학원 콘셉트에 맞는 지역을 찾아서요.

♦

대형 어학원 출신의 흔한 시행착오

대형 어학원 근무 경력을 가진 분들이 본인 학원을 개원하는 경우는 많이 있습니다. 대형 어학원은 아무래도 소형 어학원보다 시스템 등이 잘 갖추어져 있어 근무 중 많은 것을 배우게 됩니다. 그래서 창업 및 운영에 유리함이 많습니다. 하지만 반대로 대형 어학원 출신이라 더 어려운 부분도 있습니다. 그중에서도 학생 모집이 가장 막막한 과정이 아닐까 싶습니다.

대형 어학원은 학생 모집이 그리 어렵지 않습니다. 이미 지역 내에 강력한 학원 브랜드 파워가 구축되어 있기 때문입니다. 물론, 대형 어학원도 최근에는 학생 모집에 어려움을 겪고 있지만 소형 학원에 비할 바 아니지요. 그래서 대부분의 대형 어학원 출신들은 학생 모집의 어려움 및 학생에 대한 소중함을 잘 모릅니다.

저도 대형 어학원에서 계속 근무하다가 2002년 12월에 경기도 안산 지역에 개원을 했었는데, 처음에 학생 모집에 상당한 어려움을 겪었습니다. 전단 등을 활용해서 홍보하면 학생들이 쉽게 모집될 것으로 착각한 것입니다. 퇴원이 발생해도 별로 심각하게 느끼지 않았습니다. '뭐, 또 모집하면 되지'라는 생각이었습니다.

그런데 현실은 그렇지 않았습니다. 개원 후 1년간, 대형 어학원 근무 시에는 겪어 보지 못한 여러 가지 어려움을 겪으면서 참 많이 배웠습니다. 특히 많이 배운 것이 학생 한 명 한 명에 대한 소중함입니다.

학생의 소중함을 알지 못한다면
아무리 훌륭한 교육적 배경과 경력을 가진 분이라 해도
학원 사업에서 성공하기 쉽지 않다고 생각합니다.

영어학원 창업·운영 조언은
누구에게 받아야 하는가?

제주도에서 영어학원 창업을 준비하시는 예비 원장님에게 연락을 받은 적이 있습니다. 상가 선정에 어려움이 있어 저에게 조언을 구하고자 한 것입니다.

원장님은 분당 유명 어학원에서 교수부장으로 재직하는 등 상당한 기간의 강의 경험을 가지신 분이었습니다. 원장님은 거의 마음을 굳힌 상가가 있었고, 이에 대한 저의 의견이 궁금한 상황이었습니다. 저는 제주도 상황을 모르기 때문에 도움이 되지 않을 것 같아 주저했으나 일단은 상가 주소를 알려 달라고 하여 지도로 살펴보게 되었습니다.

비교적 노출이 잘 되는 전면 도로에 위치한 상가였습니다. 노출이 잘 되는 상가니 임대료는 상당히 비쌌습니다. 참고로 제주도는 월세가 아닌 연세인 점이 특이했습니다. 계약 시 보증금과 일 년 치 월세를 한꺼번에 지급하더군요. 왜 이 자리를 생각하냐는 저의 질문에 원장님의 대답은 이러했습니다.

"남편과 시부모님이 좋다고 하세요."

전면 도로라 노출이 잘 되어 학원 하기 좋은 자리라는 남편과 시부모님 의견이었습니다. 비싼 것에는 이유가 있다는, 일리 있어 보이는 주장입니다.

그런데 정말 일리 있는 주장일까요?

아니오, 다른 사업에는 일리 있으나 학원 사업에는 적절치 않은 조언입니다. 학원 사업은 입지를 보고 오는 단발성 손님이 아닌, 학원의 실력을 보고 오는 장기 수강생이 대부분이기 때문입니다. 즉, 학원을 창업할 때 임대료 비싼 전면 도로를 고집할 이유가 없는 것입니다. 남편과 시부모님은 학원업계를 모르셨기 때문에 일반적인 상가 선정 기준으로 학원 자리에 대한 조언을 하셨던 겁니다.

학원 비전문가인 분, 특히 배우자에게 조언을 구하는 분들을 볼 수 있습니다. 이런 경우, 과연 상황에 맞는 적절한 조언을 들을 수 있을까요? 저는 그렇지 않다고 봅니다. 배우자의 인품과 현명함은 별개입니다. 배우자는 관련 상황을 자세히 알 수 없고 학원 분야에 대한 지식이 없어 조언에 한계가 있습니다. 오히려 불필요한 갈등과 걱정이 발생할 수 있습니다.

학원과는 관련 없는 얘기지만, 결혼 생활에 대한 상담을 결혼하지 않은 지인에게 하는 분들도 있더군요. 정말 큰일 날 수 있는 조언자 선택입니다. 조언은 그 분야의 전문가나 다년간의 경험을 가진 분들께 구하는 것이 적절할 것입니다.

단, 한 명이나 너무 여러 명이 아닌 두세 명에게 조언을 구하시는 것이 좋습니다. 조언을 너무 여러 명에게 받아도 선택의 폭이 넓어져서 판단이 오히려 흐려지거나 결정하기 어려울 수 있습니다.

아무쪼록 적절한 조언자를 선택하셔서 강한 영어학원을 창업하시거나 강한 영어학원으로 성장하시기 바랍니다.

◆

영어 유치원의 역사

우리나라에 영어 유치원이 처음 등장한 시기는 1990년 말로 보고 있습니다.('영어 유치원'이 공식적인 용어는 아니지만 편의상 이렇게 부름을 양해해 주십시오.) 당시 대표적인 브랜드로 원더랜드, ECC, SLP를 꼽을 수 있습니다. 3개 브랜드 중에서도 원더랜드가 선두였습니다. 원더랜드는 situation room이라는 개념으로 기존의 학원과 차별화하였고 시장은 열광적으로 반응했습니다.

영어 유치원의 등장으로 그동안 경쟁 상대 없이 비교적 편안하게 사업을 영위해 오던 일반 유치원이 어려움에 빠지게 될 정도로 영어 유치원의 위세가 대단했습니다.

2000년 초는 영어 유치원 전성기입니다. 영어 유치원의 성장에 위기감을 느낀 일반 유치원들까지 유치원 사업을 포기하고 용도 변경을 통해 영어 유치원으로 전환하는 사례도 적지 않게 볼 수 있었습니다. 또는 학원을 추가로 인가받아 합법적인 절차를 거쳐 일반 유치원에 영어를 추가하여 운영하는 경우도 있었습니다. 후자의 경우는 결과적으로 일반 유치원에 승리를 선사한 탁월한 전략이었습니다. 초중등 대상의 영어학원도 영어 유치원으로 전환하는 경우가 많았습니다. 그야말로 영어 유치원의 기세가 대단했습니다.

그러나 2000년대 중후반으로 가면서 영어 유치원의 인기는 급속히 식었습니다. 저는 그 이유로 경쟁력을 확보한 일반 유치원의 반격과 영어 유치원의 교육적 효과에 대한 회의감을 꼽습니다. 법적으로 영어를 가르치지 못했던 일반 유치원에서 법적인 부분을 보완하여 영어까지 가르치게 됨으로써 영어만 가르치는 영어 유치원에 대항하여 강력한 경쟁력을 갖추게 된 것입니다.

이제 현시점에서 영어 유치원을 살펴보겠습니다.

1. 사라진 영어 유치원 유형

중저가의 영어 유치원은 볼 수 없습니다. 2000년대 초중반의 경우를 보면 고가(월 100만 원 이상)와 중저가(월 40~50만) 영어 유치원들이 있었는데, 이제는 중저가의 영어 유치원 브랜드는 보이지 않습니다.

2. 지금까지 생존한 영어 유치원 유형

1) 과거부터 존재하던 브랜드(SLP, ECC)

2) 고가로 시장에 진입한 영어 유치원

즉, 영어 유치원으로서의 브랜드 파워를 꾸준히 유지했거나 고가의 수강료로 차별화된 콘텐츠를 제공한 영어 유치원이 살아남았습니다. 중저가 영어 유치원은 일반 유치원과의 경쟁에서 밀렸다고 봅니다.

물론 중저가의 영어 유치원은 나름대로의 전략이 있었을 것입니다. 가격 경쟁력을 확보하려는 전략적인 의도도 있었고 학부모의 부담을 덜어 주려는 순수하고 착한 의도도 있었을 것입니다. 그러나 고가의 영어 유치원만 살아남은 것을 보니 시장은 참 냉정하네요. 영어 유치원 창업을 계획하는 예비 학원장께 도움이 되었으면 합니다.

♦

영어 유치원 창업 특징

영어 유치원 창업은 다음과 같은 특징이 있습니다.

1. 막대한 창업 자금

영어 유치원은 외국어 학원으로 인가를 받아야 합니다. 당연히 일정 평수 이상이어야 인가가 가능합니다. 그런데 인가 평수는 최소한의 면적에 불과합니다. 영어 유치원은 규모가 클수록 좋다고 보며, 인테리어 등 시설 투자비가 상당합니다. 초기 학원 운영비 등을 고려하면 최소 5억 원 이상은 준비되어야 창업이 가능하다고 봅니다.

2. 시장 진입의 어려움

자녀가 어릴수록 학부모는 교육 기관 선택에 있어서 보수적입니다. 브랜드 파워가 없는 신생 영어 유치원에는 선뜻 자녀를 보내기 어렵습니다. 아무리 시설이 좋아도 신생 유치원의 커리큘럼을 믿기 어려우며, 언제 학원이 망할지 모른다는 두려움이 등록을 망설이게 합니다.

대학교수 출신이 막대한 자금을 투자하여 멋진 시설을 갖춘 영어 유치원을 창업했으나 참담하게도 5명만을 모집하고 폐원한 것도 본 적이 있습니다. 그만큼 영어 유치원은 이미 시장을 장악한 기존의 강자들에게 유리합니다.

3. 높은 비용 구조

겉으로 보이는 수강료만 보면 영어 유치원은 많은 돈을 벌 것 같습니다. 그러나 영어 유치원은 지출이 매우 많습니다. 굉장히 비싸 보이는 영어 유치원의 수강료를 시간 단위로 계산해 보세요. 일반 영어학원과 큰 차이가 없을 것입니다. 그러면서 영어 유치원은 원어민 강사 비중이 높고 차량이 많을 수밖에 없으며 안전 요원, 급식 등 추가 지출이 많아 일반 영어학원에 비해 비용 구조가 매우 높습니다.

4. 안전의 중요성

시설부터 학생들의 움직임에 이르기까지 안전에 가장 신경 써야 합니다. 어린아이들이다 보니 더욱 그렇습니다.

과거에 학원 문고리에 아이 손이 다쳐 막대한 배상을 한 경우도 있었습니다. 당시에는 학원 보험이 의무가 아니어서 학원 자체적으로 상당한 배상을 하였습니다. 학원장은 인테리어 업자를 대상으로 소송을 제기하여 상당히 복잡했습니다.

5. 안정적인 운영

한번 등록하면 중도 퇴원이 거의 없습니다. 5세에 등록을 하면 7세까지는 물론 초등 2학년까지도 퇴원이 거의 없습니다. 따라서 일단 지역 내에서 인지도를 확보하면 안정적으로 운영할 수 있다는 큰 장점이 있습니다.

어린 자녀인 만큼 자녀의 천재성을 믿는 학부모, 조부모의 컴플레인이 발생하기도 하지만, 그럼에도 퇴원하는 극단적인 결정까지는 하지 않는 경우가 대부분입니다. 다른 대안이 많지 않기 때문입니다.

종합하면, 영어 유치원 사업은 진입 장벽은 매우 높으나 일단 시장 진입에 성공하면 안정적인 운영이 가능하다고 결론 내릴 수 있습니다.

또한 기본적으로 영어 유치원 사업은 아이를 좋아해야 잘할 수 있습니다. 아이 위주로 생각하는 철학이 필요합니다. 그런 영어 유치원이 성공하더군요.

어린이집을 운영하면서 영어 유치원을 창업하는 경우도 성공 가능성이 매우 높습니다. 어린이집은 일반 유치원에 비해 적은 비용으로 창업이 가능하고, 어린 학생들 관리 노하우가 있으며 가장 중요한 자산인 학생들 또한 확보되어 있기 때문입니다.

♦

학원 인수 후 하자가 발생한 경우

학원 인수 전에 꼼꼼하게 확인하는 것이 최선이겠으나 어디 사람의 일이 그런가요? 인수 후에 발견되는 하자가 있을 수 있습니다.

예를 들면,

1) 책걸상 등 학원 기자재가 고장 나거나 기능을 상실한 경우

2) 기존 학원이 이사를 가는 과정에서 문이나 벽에 스크래치가 발생한 경우

3) 학원에 물이 새는 경우

4) 학생 수가 계약과 다른 경우

5) 전임 학원장이 학부모 및 학생과 무리한 약속을 해 놓은 경우(수강료 할인, 정원 약속 등)

6) 강사와 직원의 미지급 급여가 있는 경우

7) 교육청 등 국가 기관으로부터 행정 처분을 받은 경우

등의 사례가 있을 것입니다.

어느 하나 쉬운 것이 없습니다. 학원장의 스트레스가 이만저만이 아닙니다. 학원 인수 전에 철저히 확인하지 않은 결과입니다. 그렇다면 어떻게 해야 할까요?

방법은 두 가지가 있습니다. 전 학원장에게 법적 대응(소송)을 하거나, 스스로 감당하는 것입니다.

그런데 저는 학원 인수 후 법적 대응은 최대한 자제하라고 말씀드

리고 싶습니다. 특히, 학원 시설 상태에 대해서는 더욱 그렇습니다. 학원을 인수하면 할 일이 참 많습니다. 이 귀한 시간에 전 학원장에 대한 분노에 감정을 쏟고 얼마 되지 않을 수 있는 금액에 지나치게 신경을 쓰는 것은 바람직하지 않습니다. 감정보다는 실리를 추구하는 것이 좋습니다.

법적인 다툼을 해 보신 분들은 알겠지만, 서로 끝장을 보겠다는 독한 마음이 없다면 시작을 하지 말아야 합니다. 시간적, 금전적, 정신적인 소모가 엄청납니다. 그보다는 과거가 아닌 미래의 학원에 시간과 정성을 투자하시는 것이 바람직합니다.

그리고 학원 권리금이 없었거나 저렴했던 경우라면 인수 후 학원 상태에 대해 너무 민감하면 안 됩니다. 그것은 욕심입니다!

다만, 학원의 피해 상황이 중한 경우는 부득이 소송의 방법을 취할 수밖에 없겠습니다.

◆

상가 계약 후 확정일자 받기

학원에 있어 확정일자를 받는 것은 '내가(학원장) 이 상가 임대차 계약을 체결했다는 것을 국가로부터 증명받는 것'이라고 간단히 말씀 드릴 수 있습니다. 그럼 확정일자에 대해 몇 가지 정리해 보죠.

1. 확정일자를 받으면 무엇이 좋죠?

임대 보증금을 확정일자 순서에 의거하여 보호받을 수 있습니다. 예를 들어, 확정일자 후 상가가 경매로 넘어가더라도 확정일자가 앞서면 우선적으로 변제받을 수 있습니다.

또한 임대차 보호법 적용을 받으며, 재계약 시 임대료 인상을 5% 이내로 보호받을 수 있습니다.

2. 어떻게 신청할 수 있나요?

상가는 주택과 달리 상가 주소지 관할 세무서를 방문해야 합니다. 즉, 세무서에서만 신청이 가능합니다.(참고로 주택은 주민 센터에서도 가능합니다)

3. 처리 기한이 오래 걸리나요?

신청 후 3시간 이내에 처리됩니다.

4. 필요 서류는 어떻게 되나요?

임대차 계약서 원본과 신분증만 있으면 됩니다. 특수한 경우, 건물 관련 서류도 필요할 수 있으니 관할 세무서에 먼저 문의해 보시기 바랍니다.

상가 임대차 계약을 하셨다면 확정일자는 무조건 받으셔야 합니다. 아직 받지 않으셨다면 지금이라도 서류를 준비해서 세무서를 방문하세요.

아무쪼록 예상치 못한 학원 외부 환경에 대한 걱정 없이
오직 학원 내부 환경에 대한 고민과 연구만으로
학원을 운영하시기를 기원합니다.

◆

프랜차이즈 업체 계약 시 체크 리스트

학원 창업에는 개인 브랜드로 창업하는 형태와 프랜차이즈로 창업하는 형태가 있습니다. 특히, 초등부의 경우에는 중·고등부와 달리 커리큘럼 세팅이 어렵기 때문에 프랜차이즈로 창업하는 경우가 많습니다. 그러기 위해서는 프랜차이즈 업체를 잘 선택해야 합니다.

그러면 프랜차이즈 업체 선정 시 본사 직원이나 지사장을 상대로 반드시 체크해야 할 중요 질문 사항을 정리해 보겠습니다.

1. 본사의 업력(業歷)

본사의 프랜차이즈 사업 기간은 중요합니다. 신생 프랜차이즈 본사는 사업 실패나 포기 등으로 위험할 수 있습니다. 의욕과 실력은 별개이기 때문입니다. 따라서 3년 이상 사업을 지속한 업체를 선택하시는 것이 바람직합니다.

때로는 신생 회사지만 마음이 가는 경우가 있을 수 있습니다. 이런 경우 대표이사의 학원 관련 경력을 봐야 합니다. 타 업종이 아닌 학원 관련 경력이 중요합니다.

2. 교재 line-up

몇 개월분의 교재를 확보하고 있는지 확인해야 합니다. 여기서 중요한 것은 교재가 많을수록 반드시 좋은 것은 아니라는 사실입니다.

'본사 교재는 많을수록 좋은 거 아닌가?' 라고 의아하실 수 있습니다. 그러나 교재가 너무 많으면 이는 본사 경영 압박의 요인이 됩니다. 특히, 상위 레벨 교재일수록 판매가 되지 않습니다. 그렇게 교재 재고는 쌓이고 판매가 되지 않으면 본사는 자금 회전율이 좋지 않아 어려움에 빠질 가능성이 높습니다. 이는 전체 교재 가격 인상을 유발할 수 있습니다.

제가 생각하는 적정한 교재 보유 수량은 48개월분입니다. 이 정도면 너무 석지노 너무 많지도 않습니다.

3. 본사 직영 학원 여부

본사에서 직접 운영하는 직영 학원이 있는 경우에는 본사를 신뢰할 만합니다. 직영점 운영은 본사의 자본 능력, 사업에 대한 본사의 확신, 직영점을 통한 교재 개발 등의 업데이트를 의미하기 때문입니다.

4. 대표 이사 경력 사항

교육업 출신이 바람직하나 반드시 교육업계 출신이 아니어도 문제는 없습니다. 그러나 이런 비교육업계 출신 대표 이사의 경우에는 인성과 경영 철학이 매우 중요합니다.

그중에서도 상생의 경영 철학을 갖추고 있는지가 매우 중요합니다. 그렇지 않으면 학원장을 회사 영업 사원으로 간주하고 일 처리를 하는 경우가 많습니다. 이런 경우 본사와 가맹 학원의 충돌이 발생해 결국 브랜드가 경쟁력을 잃게 됩니다.

5. 성공 사례 학원

가맹 학원 중 성공 사례가 있는지를 확인해야 합니다. 주요 가맹 학원의 학생 수 등 구체적인 정보를 요청했을 때 본사 관계자가 정확한 대답을 회피하는 경우는 성공 사례가 없는 것이라고 확신하셔도 됩니다.

6. 교육 지원 여부

본사에서 학원장, 강사 교육을 지원하는지 확인해야 합니다. 지속적으로 교육을 지원해 주면 좋은 본사라고 할 수 있습니다.

7. 학원장 지역 모임 여부

지역 학원장 모임이 활발하면 브랜드가 활성화되어 있다는 의미입니다. 이 부분은 지사장의 역할이 큽니다.

8. 정보 공개서 내용 관련

가맹 상담 시 정보 공개서를 제공하지 않는 본사는 프랜차이즈 사업 자격이 되지 않는 회사입니다. 정보 공개서 내용 중 중요 확인 사항은 다음과 같습니다.

1) 회사 자본금
2) 전국 가맹 학원 현황
3) 전국 지사 현황
4) 회사 재무제표
5) 가맹 학원 계약 기간
6) 가맹 학원 구역권 범위
7) 교재 의무 구입 여부 및 수량
8) 위약금 여부(계약 해지 시)

특히 8번의 위약금 문제는 자주 발생하므로 반드시 확인이 필요합니다. 물론 계약 기간 이후 해지에는 위약금이 발생하지 않습니다.

9. 교재 가격

교재비가 지나치게 비싸면 아무리 교재가 좋더라도 부담감과 억울함을 느끼게 됩니다. 월 평균 교재 구입액이 35,000원을 넘지 않는 업체를 추천합니다.

10. 본사 직원 근속 연수

본사 직원의 근속 연수가 짧으면 회사에 문제가 있을 가능성이 높습니다.

11. 자체 교재 여부

자체 교재 없이 매뉴얼과 워크북, 운영 노하우 제공 정도만으로 프랜차이즈 사업을 하는 본사를 간혹 볼 수 있습니다. 이런 경우 사업이 지속되기 어렵습니다. 노하우를 습득한 가맹 학원들이 이탈하기 때문입니다. 시중에서 구할 수 없는 자체 교재 없이는 프랜차이즈 사업의 지속성을 확보하기 어렵습니다.

12. 온라인 콘텐츠 확보 여부

이제 온라인 콘텐츠는 영어학원 운영에 거의 필수가 되어 가고 있다고 봅니다. 자체 개발 교재 외에 교재와 연계된(교재와의 연계성이 매우 중요합니다) 온라인 콘텐츠를 확보하고 있어야 합니다.

♦

과외 선생님에서 성공한 학원장으로

과외를 하다가 영어 공부방, 교습소, 학원으로 확장하는 경우는 매우 흔합니다. 그분들 중에는 성공적으로 확장한 분들도 있고 큰 발전이 없는 분들도 있습니다.

확장 후 성공하기 가장 힘든 유형은 수강 인원에 집착하는 유형입니다. 일대일 수업이나 소수 정예만을 최고의 학습 형태로 생각하는 분들을 말합니다. 그런데 정말 일대일이나 소수 정예만이 최고의 수업일까요? 저는 동의할 수 없습니다. 이 부분에 대해 진지하게 생각해 볼 필요가 있습니다. 내가 일대일 및 소수 정예를 학생 실력 향상에 있어 최고라고 생각하는 것이 객관적인가? 아니면 단지 내가 편해서인가?

과외에서 외국어 학원으로까지 성공적으로 확장한 사례는 매우 많습니다. 그리고 성공적으로 확장한 원장님들의 공통점은 소수 정예에 대한 선호는 분명히 있지만 다수의 학생을 지도하면서도 소수 정예의 장점을 최대한 유지하려 노력한다는 것입니다. 이를 위해 콘텐츠와 학원 시스템에 대해 고민하고 연구하는 것입니다. 반면, 소수 정예만이 학생들을 위한 최고의 학습 시스템이라고 생각하면 이런 부분을 극복하고자 고민하지 않습니다. 그래서 발전하기 어렵습니다. 이 고민의 차이가 학원 운영에 있어 큰 결과의 차이를 만들 수 있습니다.

'장인'이라고 불리는 분들이 있습니다. 남들보다 생산성이 높은 분들입니다. 남들이 10개의 상품을 만들 때 이분들은 30~40개의 상품을 만들 수 있습니다. 그러면서도 상품의 질을 유지합니다.

이분들이 상품을 만드는 데 있어 한 땀 한 땀의 정성이 중요하다는 것만 강조하여 상품 생산 개수에 대한 부정적인 생각을 가졌다면 효율적인 생산 기술을 개발하지 못했을 것입니다. 장인은 그런 부분에 도전하여 성공한 분들입니다.

학원 사업은 교육 사업이니 일반 제조업과 직접적인 비교는 어려울 수 있습니다. 하지만 운영 철학의 측면에서는 충분히 참고할 만한 좋은 예라고 생각합니다.

원장님들마다 가치관이 다릅니다. 꼭 많은 학생들을 가르치는 것을 원하지 않는 분들도 분명히 계십니다. 그러나 '성공한 과외 선생님'에서 '확장에도 성공한 학원장'이 되기를 원하신다면 생각을 바꾸실 필요가 있습니다. '소수 정예가 학원장의 양심이다!'라는 생각 말입니다. 대신 다수의 학생을 지도하면서도 교육의 질을 유지할 수 있는 학원 시스템을 만들어 나가야 합니다.

♦

1층에서 영어학원 창업하기

임대료가 비싼 지역에서는 1층에 학원을 창업하는 것이 거의 불가능합니다. 1층은 특히 임대료가 비싸기 때문입니다. 그래서 1층에 학원이 있는 경우는 거의 대부분 임대료가 저렴한 지역입니다. 수도권이라면 아파트 밀집 지역이 아닌 주택가에 위치하며, 임대료가 저렴한 지방(시골)인 경우에는 대로변에서도 1층에 위치한 학원을 볼 수 있습니다.

1층에 학원이 위치하면 유리한 점이 많습니다. 무엇보다 접근성이 뛰어나고 노출 효과도 있습니다. 그러나 1층에서 학원을 하는 경우에는 계약 전에 신경 써야 할 부분이 있습니다.

예전에 용인 지역에서 1층에 영어학원을 개원한 원장님이 계셨습니다. 원장님은 계약 전에는 몰랐는데 개원 후 예상치 못한 복병을 만나게 되었습니다. 바로 소음이었습니다.

상가는 도로 바로 앞에 위치했는데, 골목길이 아닌 일반 도로인데다 차량 통행이 굉장히 많은 지역이어서 소음이 상당했습니다. 원장님은 듣기 수업에서 큰 어려움을 겪으며 스트레스를 받았고, 결국 계약 기간이 남아 있음에도 다른 지역으로 학원을 이전할 수밖에 없었습니다.

1층은 주변 환경으로 인해 스트레스를 받을 가능성도 더 높습니다. 옆 상가에 술집이 있을 수도 있고, 줄기차게 담배를 피워 대고 꽁초를 아무 데나 버리는 불량 이웃도 있을 수 있습니다. 쓰레기를 상가 앞에 버리기도 하지요. 가끔 위층에서 물이 새서 고통받는 1층 상가들도 있습니다.

　이런 경우에는 학원 운영이 무척 힘들어집니다. 그러나 이런 사례들을 미리 알고 계약 전에 꼼꼼히 살펴본다면 1층 상가 선정에 도움이 될 것입니다.

학원 창업에 완벽한 조건의 상가는 드물다

영어 공부방을 운영하다가 상가로 이전하는 경우가 많습니다. 특히, 공부방 운영 시 소음 등의 문제로 이웃 주민과 심한 충돌이 있어 이전하는 경우에는 상가 이전으로 모든 문제가 해결될 것이라는 기대를 가질 수 있습니다. 그런데 기대와 달리 나를 힘들게 하는 또 다른 복병이 기다릴 수 있습니다. 저의 사례를 들어 설명해 보겠습니다.

저는 기존의 영어학원을 인수해서 학원 사업을 처음 시작했습니다. 처음 시작할 때는 학원 사업을 빨리 하고 싶다는 의욕이 워낙 커서 학원 인수의 장애 요인들이 눈에 들어오지 않았습니다. 그저 '아주 괜찮은 곳'으로 보였습니다. 그런데 막상 개원을 하고 보니 큰 장애물이 있었습니다. 그것은 아래층의 음식점이었습니다.

당시 저는 한 층에 한 업체만 있는 작은 규모의 건물 3층에서 영어학원을 운영중이었고, 같은 건물 2층에는 경양식 레스토랑이 있었습니다. 그런데 이 레스토랑이 장사가 잘 안되니 술을 팔기 시작했습니다. 심지어 미성년자에게도 술을 팔기 시작하더군요. 동네에 소문이 났는지 술 먹고 싶은 미성년자는 모두 이리로 오는 듯했습니다.

술 먹는 시간은 저의 퇴근 시간 이후였으니 그래도 학원 운영 시간 중에는 큰 문제가 없었습니다. 그런데 출근할 때의 학원 모습이 가관입니다. 학원 입구에 배설물들이 마구 널려 있습니다. 여름에는 파리가 들끓습니다. 2층에서 술을 먹은 사람들이 화장실이 부족하여 3층까지 올라와서 학원 입구에서 급하게 볼일을 해결하는 것입니다.

이 건물의 지하에는 노래방이 있었습니다. 그런데 노래방은 늦게 문을 열지요. 그래서 인근 고등학교 학생들이 하교하며 지하에서 담배를 피워댑니다. 이 냄새가 학원으로 올라옵니다. 때로는 이 아이들이 건물의 입구인 1층 계단을 점령하고 몰려서 담배를 피우기도 했습니다. 이 모습을 본 학부모님이 입학 상담 차 학원을 방문했다 몇 번 되돌아간 적도 있다고 들었습니다.

또 다른 복병도 갑자기 등장했습니다. 1층에 꼬치집이 생겼는데, 꼬치를 먹은 사람들이 꼬치를 1층 건물 입구에 마구 버리는 경우가 많았습니다. 이 꼬치가 매우 끈적끈적합니다. 뾰족한 꼬치 막대기는 위험하기도 하고요.

애증의 학원을 정리하고 다른 곳에 영어 교습소를 개원했을 때는 바로 앞 상가에 치킨집이 있어서 냄새 때문에 아주 힘들었습니다. 더욱이 치킨집 옆에는 자녀들을 보육하며 사업을 하는 가게가 있었는데, 이 아이들과 치킨집 아이들이 모여 소리를 지르며 상가 복도를 뛰어다니곤 해서 상당한 어려움이 있었습니다.

수원 영통에서 크게 학원을 운영하던 지인은 바로 앞 상가에 성인 전화방이라는 퇴폐업소가 들어와서 인테리어 등 모든 것을 포기하고 학원을 이전하기도 했었습니다.

글을 읽는 원장님들 중 비슷한 사례로 힘들어하시는 분들이 계실 것입니다. 그러나 어쩌겠습니까? 여러 사람이 사용하는 상가이다 보니 이런 어려움은 언제든 있을 수 있습니다. 그러니 너무 스트레스 받지 말고, 그냥 그러려니 하고 학원을 운영하는 것이 정신 건강에 좋다고 봅니다.

물론, 학원을 창업하려는 예비 학원장이라면 사전에 이런 부분을 꼼꼼히 점검하여 상가를 계약하는 것이 중요하겠습니다. 그런데 빈 상가에 엉뚱한 가게가 들어올 수도 있고, 기존 업체가 나가면서 나를 힘들게 하는 업체가 들어올 수도 있습니다. 이런 것은 어찌 막을 방법이 없습니다. 그러니 내가 통제할 수 없는 것에 대해서는 대범한 마음을 갖는 것이 좋겠습니다.

Chapter 4

학원 운영 이야기

♦
홍보에 집중해야 할 시기

삼성도, 애플도 홍보를 합니다. 인텔은 자사 제품인 CPU가 PC 내부에 들어가는 이유로 브랜드를 노출하기가 여의치 않아 'Intel Inside'란 문구를 PC 외부에 부착하게끔 하여 홍보를 합니다. 아무리 훌륭한 제품이라도 홍보를 하지 않으면 많이 판매하기는 어렵기 때문입니다.

　학원도 마찬가지입니다. 안정적인 수준의 원생을 확보하기 위해서는 적극적인 홍보가 필요합니다. 특히 학원은 신도시 등 특수 상황을 제외하고는 홍보에 집중해야 할 특정 시기가 있습니다. 초등부의 경우 12월 말, 2월 중순에서 3월 초, 8월 말에 집중적으로 홍보를 하는 것이 효과적입니다. 중·고등부는 위의 시기 외에 중간·기말 고사 등 시험 직후도 좋습니다. 성적이 잘 나오지 않은 학생들이 학원 이동을 고려하기 때문입니다.

　가장 중요한 시기는 2월 중순~3월 초입니다. 3월 신학기에 학생들의 학원 등록이 가장 많습니다. 과거와 비교하면 이 시기에도 학생들의 움직임이 많이 줄기는 했습니다만, 다른 시기에 비해 등록이 활발한 시기임에는 틀림없습니다.

　그런데 이 시기에 학생들이 우리 학원에 입학하기만 하는 것은 아니죠. 경쟁 학원으로 이동하여 퇴원생이 많이 발생할 수 있는 시기이기도 합니다. 그러므로 2월 중순부터는 집중적으로 홍보를 하셔야 합니다. 할 수 있는 모든 홍보를 해야 합니다!

소형 학원은 미용실이나 서점과 친해지는 등 지역 밀착형 홍보를 하는 것이 효과적입니다. 이사 오는 분들은 부동산 사무실에 학원을 문의하는 경우가 있으니 부동산과도 친분을 쌓아두시는 것이 좋습니다. 맘카페 등 지역 카페나 아파트 주민 카페도 당연히 효과적입니다. 다만 드러나게 홍보하면 강퇴 당할 수 있으니 활동에 주의하셔야 합니다.

가장 효과적으로 학원을 홍보하는 방법으로 소규모 학부모 간담회가 있습니다. 참석자 모집이 쉽지 않으나 지속적으로 개최하면 효과가 상당히 큽니다. 학생 모집의 가장 확실한 방법이라고 말할 수 있습니다.

마지막으로, 홍보 후 결과가 바로 나오지 않더라도 효과가 없다는 성급한 결론은 내리지 않으셨으면 합니다.

홍보는 꾸준함이 중요합니다.
꾸준한 홍보와 수준 높은 강의가 합쳐지면
반드시 빛을 발하는 때가 옵니다.

여름 방학 휴원생 대비하기

중·고등학생 대상의 학원들은 방학의 영향을 덜 받지만 초등부 위주의 학원이라면 여름 방학 기간에는 휴원생이 많이 발생함을 알고 대비해야 합니다.

"방학 동안에는 할머니 댁에 간다."

"방학 기간에는 수영을 배운다."

"해외 영어 캠프에 참가한다."

"학원 방학과 가정 휴가 일정이 맞지 않아 수강료가 아까워 그냥 통으로 쉰다."

사유는 다양하며 저학년일수록 휴원 발생 가능성이 큽니다. 방학과 상관없이 고정비가 지출되는 학원 입장에서는 적지 않은 타격입니다.

그런데 더 큰 문제는 휴원생이 퇴원생으로 변할 수 있다는 것입니다. 휴원을 하면 몸이 멀어지니 마음도 학원과 멀어집니다. 숙제 안 해도 되는 편한 생활에 익숙해져서 다시 학원 가기가 싫어집니다. 또한 이 시기는 학원들의 집중 홍보 시기입니다. 경쟁 학원의 홍보에 학부모들의 마음도 흔들릴 수 있습니다. 따라서 이 시기의 중요한 과제는 휴원은 막지 못하더라도 퇴원은 줄이는 것입니다.

여름 방학 퇴원생을 줄이는 첫 번째 방법은 '과제 부여'입니다. 휴원을 하긴 하지만 학부모들도 불안한 마음이 있습니다. 특히 다른 학생들의 진도를 의식합니다. 그래서 적정량의 숙제를 내 주어 조금씩이라도 휴원생들이 학습을 이어 가도록 하면 퇴원을 방지하는 효과가 있습니다. 숙제가 휴원생과 학원을 이어 주는 연결 고리가 되는 것입니다.

두 번째로는 온라인을 활용한 관리가 있습니다. Zoom 등의 화상 커뮤니케이션 툴을 활용하여 보충 수업을 하는 방법도 있습니다. 또한 블로그나 기타 sns, 문자 등을 통해서 학부모님께 학원 소식을 꾸준히 알려야 합니다.

학생 한 명 한 명이 소중합니다. 모두 힘들게 모집한 학생입니다. 그러니 반드시 여름 방학 기간 중 휴원으로 인한 퇴원을 방지하셔야 합니다.

♦

스트레스를 유발하는 보충 수업 요구

"쌤! 보충 수업 언제 해요?"

"그럼 우리 애 언제 보충하나요?

학원 입장에서 참으로 듣기 싫은 요구입니다.

앞서 '학원장 스트레스 유발 요소'에서도 잠깐 언급했듯이 자신들이 일방적으로 수업을 빠져 놓고 너무나도 당연하게 보충 수업을 요구하는 학부모와 학생들이 있습니다. 이런 상황은, 마치 자신의 스케줄로 인해 관람하지 못한 공연을 자신만을 위해 다시 해 달라고 요청하는 것과 같다는 생각이 듭니다.

보충 수업은 쉽지 않습니다. 특히 1인 학원의 경우, 이미 수업 일정이 타이트하게 짜여 있어 보강을 위한 시간을 내는 것이 현실적으로 어렵습니다. 학원이 어렵사리 시간을 내더라도 학생의 시간이 안 되기도 합니다.

저의 경우, 학교 행사로 인한 결석만 보충 수업을 진행합니다. 집안 사정으로 불가피하게 결석하는 경우에도 보강은 없습니다. 굉장히 냉정하지만 그렇게 해야 합니다.

그리고 이러한 학원의 정책은 학부모에게 사전에 공지하는 것이 중요합니다. 입학 상담 시 학부모에게 충분히 설명하고 양해를 구하는 것입니다. 저는 이러한 방법으로 운영한 결과 아직까지 학부모의 보충 수업 요구로 스트레스를 받은 적은 없습니다.

이외에도 반드시 지켜야 하는 중요한 학원 정책은 입학 상담 시 학부모에게 미리 공지하고, 그 이유를 예의를 갖춰 설명하는 것이 매우 중요합니다. 그래야만 추후 학생이나 학부모와 갈등이 생길 가능성이 줄어들고, 학원장은 사소한 부분에 시간과 에너지를 빼앗기지 않고 학원 운영에 집중할 수 있습니다.

◆ 학원에도 틈새시장은 있는가?

niche market(틈새시장)이라는 용어가 있습니다. target market과 혼동될 수 있는데 niche market이 더 세분화된 개념이라고 이해하시면 될 듯합니다. 전형적인 틈새시장 공략의 예로는 초등학생만을 위한 화장품 등을 들 수 있습니다.

틈새시장 공략 전략을 학원 운영에도 적용할 수 있습니다. 고등학생을 대상으로 하는 주 1회 클래스를 예로 들 수 있습니다. 고등학생의 경우 대부분 수학에 엄청난 시간을 투자해야 하므로 영어 과목에 많은 시간을 할애하기 어렵습니다. 그러면서 한편으로는 불안한 마음이 있습니다. 주 1회 클래스는 이런 학생들의 수요를 충족시킬 수 있습니다. 또한 이 클래스를 수강하는 학생들은 퇴원이 거의 없다는 장점이 있습니다. 주 1회만 하는 학원을 찾기가 매우 어렵기 때문입니다. 단, 하위권 학생보다는 3등급 이상의 학생을 대상으로 하는 것이 적절합니다.

제가 과거에 교습소를 운영할 때, 초등학생을 대상으로 주 1회 클래스로 문법반을 운영한 적도 있었습니다. 인근에 문법을 강조하는 대형 어학원이 있었는데 문법이 약하면 레벨 업이 안 되는 시스템이었습니다. 그래서 주 1회 문법전문반을 개설하여 대형 어학원 레벨 업을 위한 일종의 새끼 학원 역할을 한 것입니다. 당시 수요일에는 학교가 오전 수업만 해서 정규반 수업 전에 두 시간 정도를 확보할 수 있었습니다. 즉, 자투리 시간을 이용하여 짭짤한 수익을 창출해 낸 것입니다.

지금 우리 학원이 공략할 수 있는 틈새시장은 무엇이 있는지
한번 고민해 보시면 어떨까요?

♦

입학 상담 시 움찔하는 질문 대비하기

학부모와 입학 상담을 하다 보면 때로 움찔하는 질문을 받을 수 있습니다. 움찔하는 부분은 스스로가 생각하는 자신의 약점일 것입니다. 예를 몇 가지 들어 보죠.

"유학 다녀오셨어요?"
"어느 대학 나오셨어요?"
"영문학과 나오셨어요?"
"국내 대학 출신이 어떻게 스피킹을 가르치나요?"
"유학파면 문법은 모르시는 것 아닌가요?"
"영어 전문 학원에 왜 원어민 강사가 없나요?"
"결혼 안 해 자식 없는 분이 학생들을 지도할 수 있나요?"
"너무 젊어 보이시는데 경험이 부족하지 않을까요?"

위의 질문에 적절히 대응하지 못한다면 학원장 이미지에 타격을 줄 수 있습니다. 학부모와의 1:1 상담이 아닌 학부모 설명회 등에서 그런 상황이 발생한다면 더욱 문제가 커질 수 있습니다.

학벌이나 경력 등 완벽한 조건을 갖춘 학원장은 흔치 않습니다. 또 위의 질문에 자신 있게 대답할 수 있는 완벽한 교육적 배경과 경력을 갖추었다고 해서 학원 성공이 보장되는 것도 아닙니다. 그러니 자신만의 답변을 잘 준비하면 됩니다. 이때 가장 중요한 것은 자신감입니다. 자신감 없는 답변은 학부모도 금세 알아챕니다. 또, 순간을 모면하고자 거짓말을 한다면 이는 더욱 치명적인 독이 될 것입니다.

스스로 생각하는 약점이 있다면 이를 인정하고, 그에 대한 적절한 대안을 제시하는 상담 방식이 중요합니다. 정직하게, 하지만 자신감 있게 대응하여 학부모의 신뢰를 얻으시기 바랍니다.

♦

예민한 학생이 오히려 장기 수강

입학 상담 시, 학부모가 자신의 아이를 예민한 아이라고 소개하는 경우가 있습니다. 각별한 관심을 부탁함과 동시에 학원에서의 적응을 걱정하는 것입니다. 이런 경우 학원 입장에서는 '가르치기 힘든 학생이겠다' 라고 생각할 수 있습니다. 그러나 다르게 생각해 볼 수 있습니다.

이런 성향의 아이들은 일단 한곳에 적응하면 쉽게 학원을 옮기지 않습니다. 장기 수강 가능성이 큰 것입니다. 그리고 제 경험상, 예민한 아이들 중 학습적인 능력이 현저히 떨어지는 케이스를 거의 보지 못했습니다.

물론 이런 성향의 아이들은 다른 학생들보다 더 신경을 써야 합니다. 하지만 몇 달 지나 성공적으로 적응하면 예민한 성향의 학생들은 학원의 팬이 될 수 있습니다. 무엇보다 부모님들이 매우 고마워하고 좋아하십니다. 이렇게 적절히 맞춰 가는 소통의 과정을 거치면 학원의 학생 수는 자연스럽게 늘어납니다.

♦

학원 강사는 절대로 아프면 안 된다

정철어학원 재직 당시 정철 이사장님으로부터 강사 자격에 대한 교육을 받은 적이 있습니다. 그 교육 내용 중 세 가지가 아직도 기억에 남습니다.

1. 학생의 발전이 없는 것은 모두 강사 책임이다.

학생은 부족해서 학원을 찾는 것이니 학생의 부족함을 탓하지 말라고 하셨습니다.

2. 하루 강의가 끝나면 완전히 탈진해서 말도 못할 정도가 되어야 한다.

강의가 모두 끝나도 힘이 남아 있으면 이는 강의에 전력을 다하지 않았다는 의미입니다.

3. 강사는 절대로 아프면 안 된다.

일반 회사의 경우에는 내가 아파서 결근하면 다른 직원이 대체하거나 일을 잠시 미룰 수도 있을 것입니다. 그러나 강사가 결강하면 수업이 되지 않습니다. 강의는 누가 대체하기도 쉽지 않습니다. 특히, 학생들에게 가장 중요한 시기인 시험 대비 기간에는 절대 아프면 안 됩니다.

강사는 아프면 안 된다니 조금은 서글픈 말입니다. 그러나 저는 이렇게 이해합니다. 강의를 하는 사람은 항상 자기 관리를 해야 한다는 것입니다. 특히, 겨울철 몸 관리가 중요해서 옷을 항상 따뜻하게 입어야 합니다. 또한 목을 보호해야 하고, 늘 적당한 긴장 상태를 유지해야 합니다. 운동도 꾸준히 해야 합니다.

정철 선생님의 가르침 중 건강에 대한 것은 정말 확실하게 이행하고 있습니다. 그런데 '학생의 발전이 없는 것은 전적으로 강사의 책임이다!' 라는 말은 아직까지 받아들이지 못하고 있습니다. 언젠가는 받아들일 수 있으려나요?

♦

취미로 공부방 운영?

가끔 예비 공부방 창업자를 만나서 대화를 나누다 보면 이런 말을 듣습니다.

"저는 많은 학생들 모으기 원하지 않아요."

"그냥 소일거리로 하루에 두세 시간 강의하면서 반찬값 정도 벌면 됩니다."

공부방을 직업이 아닌 취미나 부업 개념으로 생각하는 것입니다. 그런데 학부모 입장이라면 이렇게 가벼운 마음으로 공부방을 운영하는 분에게 우리 아이를 맡길 수 있나요? 아이들을 위해서 연구하고 또 연구하는, 공부방 사업에 전념하는 선생님에게 소중한 우리 아이를 맡길 수 있는 것 아니겠습니까?

교육 사업은 규모에 상관없이 책임감이 무엇보다도 중요합니다. 이렇게 가벼운 생각으로 공부방을 운영하는 분들은 결국 몇 개월 후 이런저런 이유로 쉽게 중단하는 것을 보았습니다. 운영 의지가 너무 약하기 때문입니다.

♦
학원 강의실 공유

학원 내 빈 강의실 공유에 대한 수요가 증가하고 있습니다. 강의실 공유란, 학원 강의실 한 개 정도만 임대하여 사용하는 경우를 말합니다. 강의실을 임대하는 학원 입장에서는 비어 있는 강의실을 활용하여 임대 수입을 올릴 수 있어 좋고, 강의실을 빌리려는 수요자 입장에서는 적은 비용으로 강의할 수 있는 공간을 확보할 수 있어 모두에게 유리한 조건입니다.

인테리어, 집기 구입 등 적지 않은 창업비가 부담스럽고, 에어비앤비, 우버, 위워크 등 공유 경제가 확산되고 있는 시대에서 강의실 임대는 자원 활용의 측면에서도 매우 바람직하며, 앞으로도 계속적인 수요가 있을 것이라 예측합니다.

그러나 아쉽게도 현행법상 강의실 공유는 불법입니다. 학원 강의실은 학원장과 학원장이 고용한 강사나 직원만 사용할 수 있습니다. 그래서 강의실을 임차하려는 분을 강사로 고용하는 편법을 쓰기도 합니다. 때로는 그냥 불법으로 강의실을 임대하는 방법을 취하기도 합니다. 모두 탈세할 수밖에 없는 구조이며, 사고 등 문제 발생 시 합법적인 처리가 매우 어렵습니다. 참고로 학원이 아닌 일반 사무실은 공유가 가능하며, 공유자 각각에게 사업자 등록증도 발급됩니다. 즉, 세금 납부 측면에서도 국가는 이익입니다.

법이 시대의 변화를 따라가기가 쉽지 않은 것이 현실이나, 여러 현실적인 면에서 매우 아쉬운 부분이라 강의실 공유에 관한 법 개정이 필요하다고 생각합니다. 국가-개인이 모두 win-win 할 수 있도록 말입니다.

◆
학원 핵심 가치

학원의 핵심 가치가 무엇일까요?

'어떻게(How) 학원을 운영할 것인가'에 대한 답, 한마디로 학원 운영 방향입니다.

예를 들면, 정상어학원의 핵심 가치는 '0.1% 리더 양성'입니다. 정상어학원은 이 핵심 가치를 위해 모든 역량을 집중합니다. 우수한 강사 채용, 우수한 프로그램 개발 등이 핵심 가치와 부합되도록 이루어집니다.

최선어학원은 학원 이름 그대로 최선을 다해서 학생들을 지도합니다. 아마도 이 학원의 핵심 가치는 '학생들의 실력 향상'일 것입니다. 그래서 학습량이 상당히 많습니다. 반면 학생의 행복도는 떨어질 수 있습니다. 그러나 모든 것을 충족시키기는 어렵습니다. 핵심 가치가 있으면 포기할 것은 과감히 포기하고 집중할 부분에 집중해야 합니다.

충남의 한 원장님은 '학생들이 행복한 학원'이 핵심 가치입니다. 이 학원은 학생들을 나무라거나 질책하지 않습니다. 그러면 학생들이 행복하지 않으니까요. 늘 격려하고 각종 이벤트를 개최해서 학생들을 행복하게 해줍니다. 이 학원은 늘어나는 학생 수를 감당하지 못해 학원을 확장했습니다.

용인에서 공부방을 운영하시는 한 원장님의 운영 핵심 가치는 '눈높이 교육'입니다. 실력이 좋은 학생은 학습량을 늘려주고, 실력이 부족한 학생은 학습량을 적절히 줄여주고, 예민한 성격의 학생에게는 상처

주지 않으려 노력합니다.

 학원의 핵심 가치라는 말이 어쩌면 추상적으로 들릴 수도 있습니다. 그러나 학원의 성공과 롱런을 위해서 매우 중요한 부분입니다. 학원의 핵심 가치는 학원의 중심을 잡아 주기 때문입니다.

◆
제가 푸마 운동화를 신고 달리기를 하면?

육상 역사상 독보적인 기록의 보유자인 세계 최고의 단거리 선수 우사인 볼트가 신는 신발은 '푸마'입니다. 푸마 신발을 신고 총알처럼 달립니다. 그러면 제가 푸마 신발을 신고 달리면 우사인 볼트처럼 빨리 달릴 수 있을까요? '나 푸마 신었으니 이제 우사인 볼트처럼 빨리 달릴 수 있다!' 라고 소리치면 사람들이 그렇게 생각할까요?

아무도 믿지 않을 것이고 실제로도 저의 달리기 실력은 그대로일 것입니다. 달리기를 잘하기 위해서는 신발보다 평소의 훈련이 중요합니다. 호흡법, 근육 강화 등 단거리 선수에게 적합한 훈련을 받아야 합니다.

푸마 신발을 신으면 단거리 선수가 될 수 있다고 생각하는 분들을 학원에서도 볼 수 있습니다.

중·고등부 영어를 강의하시는 분들이 초등부 영어로 강의 대상을 확장하거나 전환하고자 할 때 가장 중요하게 생각하는 것이 초등부 영어 콘텐츠입니다. 초등부 콘텐츠만 도입하면 초등부가 활성화될 것으로 기대하는 것입니다. 하지만 경험상 그렇지 않습니다.

초등부를 활성화시키기 위해서는 콘텐츠보다 학원장의 마인드 전환이 더 중요합니다. 중·고등부 영어를 가르칠 때와는 완전히 다른 마인드로 접근하셔야 합니다. 쿠킹 클래스 등 이벤트도 해야 하고, 스티커 제도도 도입하고, 외부 시험도 데리고 나가야 합니다. 초등학생들의 마음도 볼 수 있어야 합니다. 반대로 초등부 영어 전문 원장님이 중·고등부 영어를 활성화시키기 위해서도 마찬가지로 마인드 전환이 중요합니다.

콘텐츠가 중요하기는 합니다. 그러나 그보다 학원장, 강사의 마인드 세팅이 우선 되어야 할 것입니다. 신발이 아닌 근육 강화 훈련이 중요한 단거리 선수처럼 말입니다.

♦
나만의 강점에 집중하기

예전에 한 원장님과 대화를 나누던 중 이런 얘기를 들었습니다.

"그 원장님은 영어 실력도 형편없는데 어떻게 학생이 그렇게 많은지 모르겠어요!"

이야기인즉, 평소 알고 지내던 한 원장님이 하루는 다급하게 전화를 걸어 '얘들아, 1층으로 내려가'를 영어로 어떻게 하는지 알려 달라고 했다는 것입니다. 그런 영어 실력으로 어떻게 영어학원을 운영하는지 모르겠다고, 게다가 그 학원 학생 수가 200명이 넘는 것이 참 어이없다고 하시더군요.

제 지인 중에도 영어를 매우 못하는 영어학원 원장님이 있습니다. 그런데 학생 수가 300명이 넘습니다. 어떤 비결이 있는 것일까요?

이 원장님은 자신의 강점에 최대한 집중했습니다. 컴퓨터와 기계를 다루는 데 능숙한 자신의 강점을 최대한 활용했습니다. 강의실마다 카메라를 설치해 강의실을 학부모들에게 실시간으로 공개했습니다. 학부모들은 자녀의 수업을 실시간으로 볼 수 있으니 당연히 학원에 대한 만족도가 올라갑니다.

또한 강사들의 학부모 상담은 선택이 아닌 필수입니다. 강사는 퇴근 전, 의무적으로 30분간 학부모와 통화하고 상담 일지를 작성해야 합니다. 원장님도 수시로 학부모와 통화합니다.

홍보는 매우 적극적으로 합니다. 자그마한 홍보거리도 크게 홍보합니다. 전단지를 제작해도 한 장짜리가 아닌 여러 장짜리로 고급스럽게 제작합니다. 자신이 영어를 잘하지 못하는 것에 전혀 위축되지 않습니다. 영어 공부를 할 생각도 전혀 없습니다. 대신 자신이 잘하는 것에 집중하겠다는 생각일 것입니다.

'애들아, 1층으로 내려가'를 영어로 말할 줄 몰라 질문까지 한 원장님을 저는 알지 못합니다. 그러나 분명히 그 원장님만의 강점이 있을 것입니다.

만약 위 사례에 등장한 두 분의 원장님이 영어 실력을 키우기 위해 영어 공부하는 것을 선택했다면 이런 성공적인 결과를 내기 어려웠으리라 생각합니다. 약점에 위축되어 스스로의 경쟁력을 떨어뜨려서는 안 되겠습니다.

나만의 강점에 집중한다!
참으로 올바른 선택입니다.

♦

초등부를 강하게 하는 이벤트

초등부는 중·고등부와 달리 이벤트가 학원 성공에 큰 역할을 합니다. 중요한 학원 이벤트를 정리해 보겠습니다.

1. 외부 인증 시험 참가

Tosel, Jet, Toeic Bridge 등 외부 인증 시험은 학원의 실력을 객관적으로 보여줍니다. 따라서 이러한 시험에 대비하려면 학원은 최선을 다해 지도할 수밖에 없습니다. 또한 오랫동안 학원을 운영하면 매너리즘에 빠질 수도 있는데, 지속적인 인증 시험 참가는 이를 효과적으로 방지해 줍니다.

2. 학부모 설명회(간담회)

외부 학부모를 대상으로 하든 내부 학부모를 대상으로 하든 학부모 설명회(간담회)는 홍보 효과가 크고, 학원을 한 단계 성장시켜 주는 중요한 행사입니다.

3. 영어 말하기 대회 참가

말하기 전문을 지향하는 영어학원이라면 영어 말하기 대회 참가가 필수라고 봅니다. 시상 결과는 중요한 학원 홍보 재료가 됩니다.

4. 쿠킹 클래스

차별화된 쿠킹 클래스는 학생 모집 및 재원생 유지에 상당한 위력이 있습니다. 쿠킹 클래스는 영어로 진행되는 것이 바람직합니다.

5. 캠프 개최

저는 아직까지 자체적으로 캠프를 진행하는 영어학원 중 강하지 않은 영어학원을 보지 못했습니다. 힘들어도 여름 캠프, 겨울 캠프를 학원 자체적으로 개최하면 효과가 좋습니다. 원어민 강사와 함께 진행하는 캠프는 효과가 더욱 큽니다.

6. 현장 체험 이벤트

이태원 등을 방문하여 현장 영어를 직접 체험하게 하는 이벤트입니다. 학생들에게는 그동안 배운 영어를 활용할 수 있는 기회가 되는 것은 물론, 스스로 영어 공부에 대한 자극을 받을 수 있어 일석이조입니다.

7. 파자마 파티

멀리 가지 않고 학원에서 할 수 있습니다. 공부방이라면 준비가 더욱 쉽습니다. 아이들에게는 즐거운 추억이 되며 학원을 자연스럽게 알리게 됩니다.

8. 영어 연극 발표회

준비 과정이 힘든, 학원장과 강사를 잡는(!) 이벤트입니다. 그러나 힘들어도 하는 이유가 분명히 있습니다.

영어 연극을 하기 위해서는 아이들이 영어로 대사를 암기해야 하므로 이 과정을 통해 아이들의 영어 실력이 확실히 향상됩니다. 뿐만 아니라 학원의 교육 퀄리티를 외부에 강력하게 어필할 수 있는, 혹은 객관적인 평가를 받는 흔치 않은 기회이기 때문에 학원장과 강사가 최선을 다해 헌신적으로 아이들을 지도하게 되며, 이는 학원장이나 강사의 매너리즘 극복에도 엄청난 효과가 있습니다.

9. 영어 독서왕 선발

영어 원서를 전문으로 하는 영어학원에서 하는 이벤트입니다. 작은 상품이라도 시상을 하면 아이들에게 동기 부여가 됩니다.

♦

청개구리식 운영 전략으로 차별화

청개구리식 학원 운영은 대세를 따르지 않는 학원 운영 방식을 말합니다. 몇 가지 예를 들어 보겠습니다.

우선, 강의식 수업을 생각해 볼 수 있습니다. 2000년 중반 이후에 시장에 진입한 영어 프랜차이즈 업체를 보면 거의 대부분 자기 주도식 수업을 지향하고 있습니다. 특히 주위에 자기 주도식 영어학원이 많다면 강의식 수업이 차별화될 수 있을 것입니다.

탄력적인 정원제를 생각해 볼 수도 있습니다. 지금은 소수 정원제 학원이 대세입니다. 보통은 6명 이하, 심지어는 2~3명으로 클래스를 구성하는 학원도 있습니다. 과거에는 소수 정원제가 차별화 요소였으나 지금은 전혀 그렇지 않습니다. 강사의 역량과 클래스 학생 구성에 따라 정원을 탄력적으로 운영하는 전략이 오히려 차별화될 수 있습니다.

초등부 학원을 재미보다 학습 중심으로 운영하는 전략도 있습니다. '초등부 학원은 재미있어야 한다!' 라는 거의 '절대 진리'에 대항하는 것입니다. 학원 이벤트는 하지 않고 오로지 학습 결과에 집중하는 전략입니다.

학원 홍보 시기도 생각해 볼 수 있습니다. 다른 학원들이 다 홍보하는 시기(2월 말, 8월 말, 12월 말)는 피하는 것입니다.

학원 이벤트도 생각할 수 있습니다. 많은 학원들이 하는 행사인 크

리스마스, 핼러윈 데이, 추수 감사절(Thanksgiving day) 이벤트 대신 학원을 기념하는 특별한 시기에 이벤트를 하는 것입니다. 예를 든다면 학원 창립일 등입니다.

대세를 따르는 것은 성공적인 학원 운영에 중요할 수 있습니다. 그러나 대세를 따르다 보면 차별화는 어렵습니다. 청개구리 전략을 경영학적인 용어로 풀어 보면 결국 차별화 전략이라고 할 수 있을 것입니다. 이러한 청개구리 운영 전략은 학원장의 운영 철학이 굳건해야만 도전할 수 있습니다. 주위의 말에 쉽게 흔들리는 학원장은 할 수 없습니다.

♦
학부모 설명회의 주인공은 학원장

과거 지사장이었을 때 가맹 학원 원장님들로부터 지원 요청을 많이 받은 업무 중 하나가 학부모 설명회(학부모 간담회) 지원입니다. 보통은 이제 막 개원한 원장님들이 지원을 요청합니다.

보통 요청 이유는 이렇습니다.

"제가 아직 이 브랜드를 잘 몰라서 자신이 없어요."

프랜차이즈 계약을 하고 개원은 했지만 아직은 교재나 프로그램을 잘 모르니 와서 도와 달라는 것입니다.

원장님들마다 도와 달라는 범위가 다른데, 학부모 프레젠테이션을 아예 맡아서 해 달라는 경우도 있습니다. 학원장은 학부모님들과 인사하고 안내하는 정도만 하겠다는 것입니다. 때로는 프랜차이즈 본사 직원 지원까지 요청하기도 합니다. 그러면 학부모들에게 더욱 신뢰를 줄 수 있을 것이라는 기대를 하면서요.

계약한 지 얼마 안 되어 아직은 잘 모르니 본사나 지사에 의존하려는 마음은 충분히 이해합니다. 그러나 학부모 설명회에 대한 본질적인 생각을 해 볼 필요가 있습니다.

학부모님은 무엇을 보고 영어학원을 평가하고 자녀를 맡길까요? 본사 직원도 아니고 지사장도 아닌 학원장입니다. 학부모들은 학원의 영어 프로그램에 대한 세부적인 관심보다는 학원장이 어떤 분인지에 대한 관심이 더욱 큽니다. 학원장의 교육 철학이 어떤지, 그리고 우리 아이를 잘 이끌어 줄 분인지 확인하고 싶은 것입니다.

교재나 프로그램에 대한 이해가 부족하다면 공부해야 합니다. 학부모 앞에 서는 것이 두렵다면 리허설을 통해 연습해야 합니다. 그래도 두려우면 발표할 내용을 일일이 적어서 읽으면 됩니다. 처음에는 긴장해서 실수할 수 있습니다. 그러나 그런 모습을 학부모님들이 절대로 나무라지 않을 것입니다. 이런 과정을 거치면서 조금씩 실력이 늘고 강해집니다.

그러므로 학부모 설명회는 학원장이 주체적으로 진행해야 합니다. 만약 본사나 지사의 도움이 필요한 경우에는 교재와 프로그램 소개 정도로 그 역할을 제한하는 것이 좋습니다. 다만, 입시 등 특수 분야는 예외적으로 전문가를 초빙하는 것이 좋으니 참고하시기 바랍니다.

♦

각자 다른 학원의 역할

과거에 토플 전문 성인 영어학원에 근무한 경험이 있습니다. 강남에 위치한 당시 한국에서 가장 유명한 시험 영어 전문 학원이었습니다.

당시 토플 전문 학원에 대한 사회적 인식은 썩 좋지 않았습니다. 영어 실력을 향상시켜 주는 것이 아니라 '찍기'라는 변칙적인 방법으로 토플 점수를 올려 준다는 인식 때문이었습니다. 그리고 그런 인식에 저도 동의했었습니다. 진짜 영어 실력을 키워 주는 곳만이 좋은 학원이라고 생각했습니다.

마침 기회가 되어 학원의 오너이자 당시 대한민국 최고의 토플 강사 중 한 분인 원장님과 대화할 자리가 생겼고, 저는 그 부분에 대한 질문을 했습니다.

"찍기로 토플 점수 올리는 것은 안 좋은 것 아닙니까?"

원장님은 저에게 질문을 하시더군요.

"이봐 원 과장, 우리 학원에 오는 학생들 입장을 알아? 이 학생들은 토플 성적표가 필요해. 외국 대학 입학이 가능한 점수의 토플 성적표. 최대한 빨리 토플 성적을 올려 주는 것이 학생들의 유학 준비 기간과 돈을 절약해 주는 길이야! 그게 우리 학원의 역할이야!" (페이퍼로 토플 시험을 보던 과거의 사례로, 현재는 토플 찍기가 불가능하게 시험 방식이 바뀌었습니다.)

고등부 전문 영어학원의 경우에도 비슷합니다. 고등부를 가르치다 보면 내가 영어를 가르치는 것이 맞는지 의문이 들 때가 있습니다. 실생활과는 거리가 먼 시험용 영어라는 생각 때문입니다. 이런 생각이 고등부 강의에 대한 회의감을 줄 수도 있습니다.

그러나 고등학생은 영어 성적 향상이 중요해서 학원을 찾은 것입니다. 이 학생들이 원하는 대학에 들어갈 수 있게 최대한 빨리 영어 실력을 올려 주는 것이 고등부 영어학원의 역할입니다. 그리고 한국 사회에서 그 역할의 비중은 작지 않다고 봅니다.

내가 가르치는 것이 무엇이든,

그것이 때로 무의미해 보일 수 있습니다.

하지만 학생들에게는 지금 그것이 절대적으로 필요합니다.

그러니 더욱 자긍심과 책임감을 갖고

매 순간 강의에 임해야겠습니다.

♦
학원장 모임의 중요성을 알게 되다

처음에 학원을 창업하니 정말로 바쁘더군요. 생각할 것도 준비할 것도 무척 많았습니다. 그렇게 바쁘게 일을 하다 보니 학원 밖으로는 거의 나가지 않았고 사람도 만나지 않았습니다.

그러던 어느 날, 인근 지역의 같은 브랜드 원장님께 전화가 왔습니다. 학원장 모임에 나오라는 권유였습니다. 학원장 지역 모임에 저를 초청한 것입니다. 당시 저는 원장님의 초청을 받아들이지 않았습니다. '아니 지금 바빠 죽겠는데 누구를 만나?'라는 생각이었습니다.

그런데 참 이상했습니다. 일찍 출근하여 열심히 연구하고 부지런히 홍보도 하며 바쁘게 움직이는데도 고전의 연속이었습니다.

하루는 일찍 출근하여 학원을 청소하고 있는데 웬 남자분이 학원으로 들어오시더군요. 그분은 몇 개월 전 학원장 모임 참석을 권유한 원장님이셨습니다. 원장님은 저희 학원 근처에 볼일이 있어 왔다가 들렀다고 했습니다. 차를 마시면서 대화를 나눴는데 저에게 이런 말씀을 하시더군요.

"아무리 똑똑해도 혼자서는 학원 잘하기 힘듭니다."

그땐 그 말의 의미를 잘 몰랐습니다.

이후에 저는 결국 학원장 모임에 나가게 되었고, 혼자서 고립되어 있을 때는 알지 못하던 많은 것들을 배웠습니다. 지역 원장님들과 월 1회씩 정기적으로 만나며 노하우를 공유하고 이를 학원 운영에 적용하니 서서히 결과물이 나오더군요. 혼자만의 아이디어에 대해 객관적으로 평가를 받으니 제가 고민하고 생각한 것에 대한 확신이 생겼습니다. 그리고 확신이 생기니 일에 추진력이 생겼습니다. 그렇게 많은 원장님들과 함께하면서 시간표 변경, 신규 클래스 개설, 수강료 인상 등 많은 부분에서 도움을 받았습니다.

그때 그 원장님은 아마도 혼자 고립되어 있던 저를 세상으로 끄집어내기 위해 오셨던 것 같습니다. 혹시라도 과거의 저와 같은 원장님이 계시다면 이젠 나와서 동료 원장님들을 만나시기 바랍니다. 그러면 강해질 수 있습니다. 마음의 위안도 덤으로 얻을 수 있고요.

◆

핵주먹 마이크 타이슨의 명언

마이크 타이슨이 남긴 유명한 말이 있습니다.

"누구나 계획을 가지고 있다. 얻어맞기 전까지는!"

아마도 그는 이런 의도로 말을 했을 것입니다.

"상대는 나를 이길 그럴싸한 계획을 세우겠지만, 맞아 보면 계획은 의미 없다!"

전 이 말을 학원 사업에도 적용하고 싶습니다.

예비 학원 창업자는 개원 전 계획을 세웁니다. 커리큘럼, 공략 학생층, 시간표 등 매우 디테일한 계획을 세울 수 있습니다.

그런데 과연 계획대로 될까요? 중·고등학생을 타깃으로 설정했는데 초등학생들 문의만 들어올 수 있습니다. 내신 커리큘럼을 구성했는데 스피킹을 원하는 학부모가 많을 수 있습니다. 주 2~3회 수업을 생각했는데 유난히 주 5일 수업을 선호하는 지역일 수 있습니다. 그토록 오랫동안 계획했던 것과는 다르게요.

영어학원을 창업하기 위해 사전 준비를 오랫동안 철저히 하는 것이 결코 나쁘다고는 할 수 없습니다. 그러나 막상 학원이 개원하면 계획대로 되지 않음을 알고 계셨으면 합니다. 개원 후 학원 상황에 맞게 커리큘럼, 시간표, 학원 정책을 수정할 수 있어야 합니다. 그리고 이런 부분은 개원 전에는 알기 어렵습니다. 학원을 개원한 후에나 알 수 있지요.

준비 기간이 너무 길면 지치기도 합니다. 시작 전에 의욕을 잃을 수 있다는 의미입니다. 그러니 적절한 선에서 창업을 준비하고 개원 후 수정 및 보완하는 방법을 추천합니다.

◆ 강의 관련 직업병

강의하시면서 직업병을 경험한 적이 있으신가요? 저는 강의할 때 앉 았다 일어났다를 반복하면서 대퇴부에 무리가 생겨 심하게 고생한 적 이 있습니다. 몇 개월 동안 통증이 너무 심해 걸음을 제대로 못 걸을 정도였습니다. 정형외과와 유명하다는 한의원에서 치료를 받아도 전 혀 효과가 없었습니다. 지금은 많이 좋아졌지만 가끔씩 재발합니다.

이처럼 강의하시는 분들에게는 직업병이 있을 수 있습니다. 디스크, 성대 결절, 하지 정맥류, 오십견 등으로 고생하는 분을 많이 보았습니다.

강의는 육체 활동이므로 건강을 유지해야 오래 할 수 있습니다. 발 생할 수 있는 직업병에 유의하고 몸을 돌보면서 강의하세요. 그 무엇 도 건강을 대신할 수는 없습니다.

♦

피할 수 없는 동반자, 슬럼프

아무리 뛰어난 신체적, 정신적 능력을 갖춘 프로 운동선수도 슬럼프는 피할 수 없습니다. 학원을 운영하는 학원장도 마찬가지로 정도의 차이는 있으나 슬럼프가 발생합니다. 주로 어떤 경우에 슬럼프가 발생하는지 한번 정리해 봤습니다.

1. 학생 모집이 되지 않을 때

할 수 있는 모든 학원 홍보 방법을 동원하여 노력했는데도 기대만큼 학생이 모집되지 않으면 의욕이 꺾이면서 슬럼프가 옵니다.

2. 학원 운영 3년 차 되는 시기

2년 차까지는 생소한 업무에 부딪히고 닥치는 대로 학원 업무를 하다 보면 슬럼프가 올 겨를이 없습니다. 그러나 2년 동안의 경험이 쌓이면서 시야가 넓어지면 오히려 슬럼프가 올 수 있습니다.

특히 계약되어 있는 프랜차이즈에 대한 회의감이 들 수 있는 시기이며, 학원 임대차 계약 만료 시기와 맞물리면 더욱 여러 생각을 하게 됩니다.

3. 믿고 의지했던 강사의 퇴직

정성을 다해 잘해 주고 믿었던 강사의 퇴직은 학원장을 무척 힘들게 합니다. 학원 운영에 대한 회의감을 줄 수 있으며 향후 운영에 대한 자신감을 떨어뜨립니다.

4. 퇴원 집중 발생

신규 모집은 없는데 학생들 퇴원이 집중적으로 발생하면 사기가 저하됩니다. 특히 오랫동안 다닐 줄 알았던 학생의 퇴원은 충격의 강도가 더합니다.

5. 학원 내 사고, 학부모 컴플레인 발생

학원 내에서 안전사고가 발생하거나 극심한 컴플레인이 발생하면 두려운 마음이 들게 됩니다.

6. 지속적으로 학원이 잘될 때

의외로 별다른 어려움 없이 학원이 지속적으로 잘되는 경우에도 슬럼프가 올 수 있습니다. 이런 경우에는 보통 다른 사업을 생각하게 됩니다.

7. 외부 소식

누가 무슨 사업을 해서 얼마를 벌었다거나 부동산, 주식으로 얼마를 벌었다는 등의 외부 소식을 들으면 의욕이 저하될 수 있습니다.

8. 주기적인 슬럼프

학원 운영상의 특별한 이유 없이도 주기적으로 슬럼프가 올 수 있습니다.

9. 학원을 오래 운영했을 때

10년 이상 학원을 운영하면 매너리즘에 빠지며 슬럼프가 올 수 있습니다.

10. 자녀 학업 성적이 좋지 않았을 때

남의 학생을 지도하느라 내 자녀를 돌보지 못한다는 자괴감이 드는 경우입니다.

이 정도로 정리해 봤습니다.

그렇다면 어떻게 해야 슬럼프가 오지 않게 하거나 오더라도 극복할 수 있을까요?

1. 갚아야 할 빚이 적당히 있는 경우

다만 빚이 감당할 수 없을 만큼 지나치게 많아서는 안 됩니다.

2. 절박함이 있는 가장의 경우

가정을 책임져야 하는 절박한 학원장에게는 슬럼프가 올 수 없습니다.

3. 학원 창업 동기가 확실한 경우

학원업을 자신의 평생의 업으로 생각하고 창업한 경우입니다.

4. 능력이 학원업에 특화된 경우

너무 능력이 좋아 타 업종까지 잘할 수 있는 분들은 생각이 많을 것입니다. 그러나 오로지 학원만 잘하는 경우에는 한눈을 팔지 않으므로 슬럼프가 올 가능성이 적습니다.

5. 학원장 커뮤니티에서 활동

긍정적인 성격의 학원장 커뮤니티에서 활동을 하면 힘과 동기를 부여해 주는 좋은 동료들을 만날 수 있습니다. 모여서 수다를 떠는 것만으로도 정신적인 안정에 상당한 도움이 됩니다.

6. 학원업의 재정의

생계를 위해서 학원을 한다고만 생각하지 않고 사회에 기여한다는 생각을 하는 것입니다. 학원업은 미래의 인재를 양성하는 교육 사업으로서 사회적 기여가 적지 않다는 것이 저의 생각입니다.

7. 운동이나 취미 활동

스트레스 해소에 도움을 주고, 보다 긍정적인 생각을 갖게 합니다.

외국의 상황은 모르겠으나 한국에서는 자영업으로 살아가기가 만만치 않습니다. 학원도 자영업이니 당연히 쉽지 않습니다. 하지만 어려움을 극복할 방법은 반드시 있습니다. 현재 슬럼프에 빠져 있는 학원인들에게 도움이 되는 내용이기를 희망합니다.

♦
주요 학원 정책

학원 입학 상담 시 학원 정책을 학부모에게 공지하면 학부모와의 갈등으로 인한 어려움이 없습니다. 제가 생각하는 주요 학원 정책을 정리해 봤습니다.

1. 보충 수업 기준

보충 수업에 대한 기준을 명확히 설정해야 합니다. 저의 경우, 학교 행사 관련 결석을 제외하고는 보충 수업을 일절 진행하지 않는다고 미리 공지합니다.

2. 휴원 인정 기간

이 정책이 없으면 툭하면 휴원을 반복하여 학원을 힘들게 하는 경우가 발생합니다. 잠시 쉰다고 했는데 알고 보니 퇴원인 경우도 많습니다. 그러면 학원은 대기생이나 신입 상담이 있어도 학생을 받을 수 없습니다. 퇴원 확정 후 대기생에게 연락하면 이미 다른 곳으로 간 경우가 많습니다. 학부모의 퇴원 미고지로 학원에 손실이 발생하는 것입니다. 이런 경우를 방지하기 위해 일정 기간 이상 휴원 시 퇴원으로 간주하겠다는 정책이 있어야 합니다.

3. 클래스 구성 권한

일부 학부모는 특정 학생 입학을 거부하는 등 클래스 구성에 압력을 넣습니다. 학부모의 주장에 일리가 있을 수 있으나, 이를 허용하기 시작하면 향후 학부모의 이런저런 간섭에 시달리기 쉽습니다. 기타 학원 운영의 다른 부분까지도 간섭할 가능성이 매우 큽니다. 클래스 구성은 전적으로 학원장 권한임을 분명히 알려야 합니다.

4. 수강료 인상 가능성

시장 상황에 따라 수강료가 인상될 수 있음을 상담 시 공지하면 향후 수강료 인상 시 훨씬 수월합니다.

5. 수강료 납입일 준수

제때 수강료를 내지 않는 수강료 미납도 학원장을 매우 피곤하게 합니다. 수강료 촉구차 연락을 하면 오히려 화를 내는 학부모들도 있습니다. 그러므로 입학 상담 시 수강료 납입일 준수를 강조하고, 수강료 미납 5일 이후에는 송금을 촉구하는 미납 안내 문자가 나가게 됨을 공지하는 것이 좋습니다.

6. 별도 비용 공지

Tosel 등 외부 시험이나 영어 말하기 대회 등 학원 내 행사가 아닌 외부 행사는 실비 기준의 별도 비용이 발생함을 공지해야 합니다. 이렇게 입학 상담 시 사전에 공지하지 않으면 모든 비용은 수강료에 포함된 것 아니냐고 강력히 문제를 제기하는 학부모를 만나게 될 것입니다.

7. 특강 안내

특강이 예정되어 있다면 학생의 입학 상담 시부터 안내하는 것이 가장 좋습니다. 학부모에게 특강이 있음을 알리는 것만으로도 효과가 있습니다. 특히, 고학년인데 영어 공부를 늦게 시작하는 경우에는 특강 등록 가능성이 큽니다.

8. 퇴원 시 사전 통보

학생의 퇴원을 학원이 사전에 알고 있으면 대기 학생에게 연락하거나 다른 준비를 할 수 있습니다. 그러나 현실은 당일 퇴원도 많습니다. 그러므로 학부모가 퇴원을 결정했을 때에는 사전에 알려 달라고 말씀 드려야 합니다.

9. 사고 시 응급조치

유치부 등 어린 학생 비중이 높은 학원에는 반드시 필요합니다. 아이가 다쳤을 때 학원에서 응급조치할 수 있음을 알리는 것입니다. 과거 한 유치원에서 아이가 다쳐 원에서 응급조치한 적이 있는데 대응이 서툴렀다고 학부모가 고소한 적이 있었습니다. 향후 법적인 다툼이 발생할 수 있는 중요한 부분이므로 별도로 동의서를 받으셔야 합니다.

10. 정원의 유동성

불가피한 경우 학원장의 판단으로 1~2명 정도 정원을 초과할 수 있음을 알려야 합니다.(반드시 이런 경우가 발생하니 꼭 이렇게 하셨으면 합니다.)

보험 회사를 한번 생각해 보세요. 보험에는 엄청나게 복잡한 약관이 있고, 이를 계약 시 반드시 공지합니다.

학원도 비슷한 절차가 필요합니다. 정책을 꼼꼼히 만들고 반드시 공지해야 합니다. 특히 입학 상담 시 힘주어 공지해 보세요. 학부모 상대하기 어려워서 학원 운영이 힘들다고 하셨던 원장님이 계시다면 더더욱 이 방법을 추천합니다. 아마 완전히 다른 학원 생활을 경험하실 겁니다.

♦

물 들어올 때는 노를 힘껏 저어라!

물 들어올 때 노 저으라는 말이 있습니다. 기회가 오면 움직이라는 의미입니다. 이 말을 학원 사업에 적용해 보겠습니다.

"학생이 들어올 때는 노를 힘차게 저어라!"

학원을 운영해 본 원장님들이라면 어느 날 갑자기 상담 전화가 몰려오고 등록이 늘어나는 경험을 해 본 적이 있을 겁니다. 이런 경우 초보 학원장은 이런 생각을 할 수 있습니다.

"이제 우리 학원이 알려졌구나!"

그런데 계속 이어질 줄 알았던 상담 전화가 뚝 끊기고 학원 등록이 완전히 멈춥니다.

12월 말~ 3월 초가 전통적인 학원 성수기입니다. 과거에 비해 성수기의 개념이 많이 약해지기는 했으나 그래도 이 시기가 가장 학생 이동이 많으며 등록도 많은 시기입니다.(물론 우리 학원 재원생이 타 학원으로 이탈할 수도 있는 시기입니다.) 그런데 이런 분위기가 1년 내내 지속되는 경우는 흔치 않습니다. 그러니 이때 노를 힘차게 저으셔야 합니다.

사실, 학생들이 갑자기 몰려오면 기쁘기는 하지만 동시에 두려운 마음도 듭니다. 시간표 만들기도 힘들고, 제한된 정원으로 클래스 구성을 하려니 고민도 늘어납니다. 많은 학생들을 잘 소화할 수 있을지 걱

정도 됩니다. 이럴 때는 두 가지 선택지가 있습니다. 학원이 감당할 수 있는 수준으로 학생 수를 조절하거나, 일단 모두 받고 방법을 강구하는 것입니다.

선택은 학원장의 몫입니다. 그러나 이런 분위기가 내내 지속되지는 않는다는 것을 알고 선택하는 것이 중요합니다. '학원은 1~3월 모집한 학생으로 나머지 1년을 버틴다' 라는, 극단적으로 이 시기의 중요성을 강조한 말도 있었습니다.

이런 내용을 알고 있으면 아래와 같이 향후 학원 운영 계획을 세우실 수 있을 것입니다.

1. 최대한 많은 학생을 모집한다.
2. 입학 상담 전화가 끊겨도 우울해하지 않는다.
3. 투자 계획 등에 참조한다.

학원업계에서는 위의 3개월이 정말 중요합니다.

그러니 힘드시더라도 힘차게 노를 저으세요.

1년 버틸 곡식을 비축해 놓으셔야 합니다.

이런저런 걱정하지 마세요.

어려움이 있더라도 방법을 찾으면 됩니다.

♦

영업 전화라도 기다리는 간절한 마음

저의 사례입니다. 개원하고 열심히 홍보했습니다. 약 3개월 동안은 월 200만 원 정도를 학원 전단지 제작 및 배포에 투자했습니다. 그런데 기다리는 상담 전화는 안 오고 매일 영업 전화만 오더군요.

"아파트 홍보 전문 업체입니다."

"간판 바꾸셔야 하겠습니다."

"학생 모아 드립니다."

"학교 앞에 홍보물 부착해 드립니다."

"자선 단체인데 기부하시라고 전화 드렸습니다."

입학 상담 전화를 기대하다가 이런 영업 전화를 계속 받으니 힘이 빠지고 짜증이 났습니다.

그런데 시간이 지나며 전화가 뚝 끊겼습니다. 학원으로 어떤 전화도 오지 않았습니다.

"혹시 전화기가 고장 난 것인가?"

확인해 봤는데 고장 나지 않았더군요. 이렇게 학원으로 걸려오는 전화가 없는 시기가 길어지니 저의 심정은 점점 참담해졌습니다. 그러면서 이런 마음까지 들었습니다.

"영업 전화라도 좋으니 제발 전화 좀 와라!"

"무슨 전화라도 좋으니 좀 와라!"

예전에 이런 기사를 읽은 적이 있었습니다. 공단도 없고 기업체도 없어 매우 낙후된 지역 주민들이 이렇게 말했다고 하더군요.

"교도소라도 우리 지역에 들어와라!"

교도소라도 들어오면 면회객들이 있을 것이고, 그 면회객들이 소비를 하면 지금보다는 지역이 발전하지 않겠냐는 간절한 심정이 담긴 한마디였습니다. 당시 전화 한 통을 간절히 기다리던 제 심정이 이와 비슷했습니다.

그런데 사람의 마음이 참……. 일 년간의 이런 암흑기를 거친 후 입학 상담 전화가 폭주하기 시작했고, 밥 먹을 시간도 없이 바빠 체력은 바닥나고, 학생이 많아지니 이로 인한 스트레스가 자연스럽게 증가하더군요. 그러니 다시 짜증이 나고요. 배고픈 시절을 잊은 것이지요.

그래도 이제 압니다. 학생들이 많아서 짜증나고 힘든 것보다 학생들이 없어서 썰렁한 것이 학원 사업에서는 가장 큰 고통인 것을.

지금 수업이 많아서 힘드신가요?

힘들게 하는 학생이나 학부모가 있나요?

그렇다면 학생 한 명이 귀하던 시절, 너무나 간절했던 그 시절을 떠올려 보세요. 아마 지금 나를 힘들게 하는 수많은 학생들이 얼마나 고마운 존재인지 새삼 깨닫게 되실 겁니다.

영어학원의 색깔과 일관성

한 원장님께서 대화 중 이런 말씀을 하시더군요.

"제가 초등 저학년 학생들에게도 너무 많은 학습을 시키는 것이 아닌 가하는 생각이 들어요. 아이들이 집에 가서 힘들다고 한답니다. 저도 어린아이들한테 너무하는 것이 아닌가 싶고, 측은한 마음이 듭니다."

일반적인 영어학원뿐만 아니라 학습량 많은 것이 학원의 콘셉트인 경우에도 이런 고민은 있을 수 있습니다. 어린 학생들이 안쓰럽다는 마음이 들 수 있고, '견디지 못해 퇴원하지 않을까?' 라는 불안한 마음 이 들 수도 있고요. 그러나 학원 콘셉트가 '빡센 학원'이라면 이를 일 관성 있게 밀고 나가야 합니다. 빡센 것으로 유명한 최선어학원을 예 로 들어 보겠습니다. 동네 영어학원에서 숙제 많다고 불평하던 학생들 이 최선어학원에서는 불평하지 않습니다. 최선어학원 콘셉트를 이미 알고, 그게 좋아서 선택했기 때문입니다.

"숙제가 너무 많다!"

"다른 과목은 어떻게 공부하라는 건가?"

"성적 향상만 신경 쓰는 비인간적인 곳!"

아마도 이런 비난들이 분명 있었을 것입니다. 하지만 비난과 안쓰러 움을 수용해서 최선어학원의 색깔을 바꿨다면 지금의 최선어학원은 없었을 것입니다.

제가 거주하는 동네에도 비슷한 영어학원이 있습니다. 10년 이상 동네를 석권하고 있는 곳입니다. 학부모와 학생들은 빡센 곳임을 다 알고 들어갑니다. 교육적 철학이 맞지 않는다고 생각하면 아예 자녀를 이 학원에 보내지 않습니다. 다니면서 학습량이 많다고 하지 않습니다. 이 영어학원은 10년 이상을 참 고집스럽게 일관성을 유지하며 성공적으로 운영되고 있습니다. 수많은 좋지 않은 평과 퇴원에도 불구하고요.

반면에 재미 위주의 초등 전문 영어학원도 있습니다. 이런 학원에는 이런 불평이 있을 수 있습니다.

"놀기만 하면 공부는 언제 해요?"

"저는 빡센 곳으로 옮기기로 결정했어요."

하지만 이런 의견과 퇴원에 흔들리면 안 됩니다.

학부모나 학생의 의견은 학원장을 강하게 압박하기도 하고, 때로는 안쓰러운 마음이 들게 하기도 합니다. 특히 어린 학생이 힘들다고 한다면 더욱 마음이 약해집니다. 저는 이런 경우 의사를 떠올립니다.

"주사를 맞으면 환자가 얼마나 아플까?"

의사가 이렇게 공감을 너무 잘하면 어떻게 될까요? 그래서 주사를 놓지 못하고 수술을 못한다면? 결국 의사 일을 할 수 없습니다. 의사는 '환자를 치료한다'는 철학을 일관적으로 유지해야만 합니다.

영어학원도 마찬가지입니다. 학원의 색깔은 일관성 있게 지켜져야 합니다. 그것이 학원의 경쟁력입니다. 때로는 덜 공감하는 학원장이 되어야 합니다.

◆ 위험할 수 있는 학부모 유형

경기도 지역에 위치한 영어 교습소에서 발생한 일입니다. 학생들이 수업을 받고 있는데 한 여자분이 들이닥쳐 이렇게 말하며 폭력을 휘둘렀습니다.

"3개월 파닉스 과정이 끝나면 우리 아이가 영어를 읽을 수 있다고 했잖아!"

그 여자분은 해당 교습소 학부모였습니다. 입학 상담 시 3개월간의 파닉스 과정이 끝나면 영어를 읽을 수 있다는 약속을 학원장으로부터 받았습니다. 그런데 약속한 3개월 파닉스 과정 이후에도 자녀가 영어를 읽지 못하는 것을 보고 분노가 폭발한 것이었습니다.

이처럼 학부모 중에 자녀 영어 실력 향상에 대한 약속을 받아내려는 유형의 학부모를 간혹 볼 수 있습니다. 다음과 같은 약속을 원하는 경우가 대부분입니다.

① 파닉스 과정이 끝나면 영어를 읽을 수 있는가?

② 얼마나 하면 아이가 말이 트이는가?

③ 이 학원에 맡기면 내신 1등급 약속할 수 있는가?

①~②번은 초등학생의 경우이고 ③번은 고등학생의 경우입니다. 학생 개인의 학습 능력 및 학습 태도를 고려하지 않은 참으로 어리석은

요구입니다. 공부를 해 본 학부모라면 이런 요구를 절대로 하지 않을 것입니다. 그런데 이 어리석은 요구에 덜컥 약속을 하는 학원장들이 있습니다. 보통 이런 경우일 것입니다.

① 예상 못 한 요구에 엉겁결에 약속

② 학원 경영이 어려운 경우

③ '진짜 나중에 따지겠어?' 라는 안일한 생각

④ '나는 약속을 지킬 수 있다!' 라고 확신 하는 경우

이런 약속을 요구하는 학부모에게 이성적인 판단 및 행동을 바라는 것은 무리입니다. 그러니 조심하셔야 합니다. 어떤 경우든 학생 실력 향상 보장은 절대 하지 마세요. 어느 누구도 절대로 지킬 수 없습니다.

단, 이런 방법은 있습니다. 학생 성적 향상에 대한 약속을 하되 조건을 거는 것입니다. 숙제 완수, 결석 불가, 지각 불가 등의 세부적인 조건을 걸고 지능지수(IQ)도 확인하세요. 이런 조건이 충족된다면 약속할 만하다고 봅니다.

◆

입학 상담 시 학부모 유형

자녀의 입학 상담을 위해 학원을 방문한 학부모 유형을 분류해 봤습니다. 객관적인 조사 결과라기보다 저의 개인적인 학원 운영 경험에 의한 사견이므로 학원 운영에 가볍게 참조하시길 바랍니다.

1. 학원을 전적으로 믿어 주는 유형

상담 중인 학원장의 말을 믿는지 안 믿는지는 학부모와 대화를 하다 보면 느낌이 옵니다. 상담 후 좋은 느낌이 남으며 등록할 가능성이 매우 큽니다. 다만, 저의 경험에 따르면 등록까지는 시간이 좀 걸릴 수 있습니다. 매우 신중한 유형이기 때문에 그렇다고 봅니다.

2. 교육 철학이 강한 유형

특히 엄마표 영어로 자녀를 가르친 학부모 중에서 많이 볼 수 있습니다. 실제로 알고 있는 지식도 많으며 알고 있다는 티를 냅니다. 자기주장이 매우 강하고, 허점이 보이면 학원장을 무시하기도 합니다. 향후에 학원장을 피곤하게 할 가능성이 큽니다.

3. 거만한 유형

학원에 들어서자마자 팔짱을 끼거나 거만하게 다리를 꼬고 앉아 '주위에서 좋다고 해서 그냥 한번 들러 봤다'거나 '나는 대형 어학원만 선호한다'는 식의 말을 합니다. 보통 이런 학부모는 열등감이 있는 경우가 많습니다. 자녀의 영어 실력이 부족하여 기죽지 않고 얕보이지 않으려 일부러 거만하게 행동하는 것입니다.

이런 경우에는 자녀의 레벨 테스트 결과를 근거로 객관적인 상담을 해야 합니다.

4. 말이 없는 유형

상담하기 굉장히 어려운 유형입니다. 질문도 없고 반응도 거의 없습니다. 이런 유형의 학부모에게는 학원장이 필요 이상의 말을 할 가능성이 큽니다. 대화를 지속해야 한다는 압박감을 느끼기 때문입니다. 그로 인한 실수를 줄이기 위해서는 시각적인 효과가 있는 상담 자료를 제시하며 꼭 필요한 내용만으로 짧게 상담하는 것이 좋습니다.

이런 유형의 경우, 등록할 가능성은 매우 큽니다. 진짜 성격상 말이 없을 수도 있지만, 주위의 소개로 이미 등록을 결정하고 방문한 것일 수 있기 때문입니다.

5. 수강료 등의 협상을 시도하는 유형

특히 막 개원한 학원에서 많이 볼 수 있는 유형입니다. 앞으로 소개 많이 해 준다고 하며 수강료 할인을 요구합니다. 또한 클래스 정원이 너무 많다고 하는 등 은근한 압력을 행사하려 합니다.

그런데 소개 많이 해 준다는 학부모가 실제로 소개를 많이 해 주는 경우를 저는 거의 보지 못했습니다. 오히려 아무 말 없던 어머니들이 학원을 소개해 주시더군요.

협상을 하려는 유형의 학부모는 입학 후에도 자신의 존재감 및 영향력을 확대하려 합니다. 이는 학원장을 매우 피곤하게 할 수 있습니다.

6. 리액션이 큰 유형

학원장의 말에 리액션이 매우 좋은 유형입니다. 학원장의 기분은 좋아집니다. 그러나 리액션이 좋다고 등록률이 높은 것은 아닙니다.

7. 감추는 유형

자녀의 학년 정도만 알려 주고 학교, 이름 등은 공개하지 않는 유형입니다. 학생 파악을 위해 필요한 질문을 해도 피해 가며 공개하지 않습니다. 이런 경우 등록 가능성이 매우 희박하다고 봅니다.

8. 황당한(?) 유형

가끔 황당한 유형의 학부모도 만날 수 있습니다.

과거 어학원을 운영할 때 두 명의 학부모가 함께 방문한 적이 있습니다. 수강료가 얼마냐고 물으며 이렇게 덧붙이더군요.

"옆 학원은 한 달 수강료가 3만 원이던데······."

저는 할 말을 잃었습니다. 당시(2000년 초) 수강료가 17만 원 정도였습니다. 학원을 인수한 지 얼마 안 된 것을 알고 협상하려 한 것이 아닌가 싶기도 합니다. 물론 제게 협상처럼 느껴지지는 않았지만요.

♦

학원 내 학부모 대기 허용의 위험성

과거 영어 유치원에서 근무할 때입니다. 강남에 본원이 있었고 중계동에 분원이 있었는데, 중계동 분원에서 학부모 대기와 관련하여 어려움이 있다며 도움을 요청했습니다.

내용인즉 한 학부모가 자녀를 학원에 데려다준 후 자녀의 수업이 끝날 때까지 그곳에서 줄곧 대기를 한다는 것이었습니다. 시간으로 보면 9시 30분부터 2시까지 학원에 있는 것입니다.

그런데 그냥 대기를 하는 것이 아닙니다. 학원장과 상담실장에게 계속 말을 겁니다. 학부모 말 상대 하는 것이 학원의 큰일이 됩니다. 정상적인 학원 업무를 하기 어려울 정도입니다. 나중에는 학원에 대한 이런저런 간섭과 충고를 한다고 하더군요. 청결 상태부터 급식의 질, 강사의 근무 자세까지 거침없이 조언합니다. 더욱이 이 학부모는 눈치가 없는 사람입니다. 학원장과 상담실장이 거북하고 난감한 표정을 지어도 파악을 못하고 계속 말을 걸고 간섭합니다.

멀리 사는 아이를 학부모가 직접 등·하원시켜 주니 감사한 마음과 배려하는 마음으로 대기를 허용했는데 예상치 못한 일들이 발생한 것입니다. 결국, 자체적으로 해결이 안 되어 어떻게 하는 게 좋겠냐고 본원에 도움을 요청하는 상황이 되었습니다.

학부모의 학원 내 대기로 인한 불편한 사례가 그동안 적지 않게 있었습니다. 불편함을 넘어 학원이 뒤집힐 만큼 크게 문제가 된 사례도 있습니다.

여러 학부모의 대기를 허용한 학원이 있었는데, 이 학부모들이 집단
으로 수업 방식에 대해 문제를 제기하며 학원장과 충돌한 것입니다.
그뿐만 아니라 이것을 지역 맘 카페에 공개하여 학원장은 정신과 치
료를 받을 정도로 큰 고통에 처하게 되었습니다.

사람 눈에는 좋은 것보다 거슬리는 것들이 더 잘 띄지요. 그런데 그
것이 각자 자신만의 기준에 비추어 거슬리는 것이라 문제입니다. 모든
사람의 기준을 만족시키는 학원은 애초에 존재할 수 없는데, 제각기
본인 기준에 못 미치는 부분을 지적하고 나서면 학원은 혼란스러워질
수밖에 없습니다. 그리고 이것을 다른 학부모들과 공유하면 문제가 더
욱 심각해집니다.

학부모가 학원에 무언가를 요구했는데 선뜻 내키지 않는다면 일단
은 대답을 유보하는 것이 좋습니다. 마음이 약해져서 일단 허락했다가
는 후에 큰 폭풍을 맞을 수 있습니다. 호의가 계속되면 권리인 줄 안다
는 말을 기억하세요.

♦

강한 영어학원의 지표, 상담 후 등록률

학부모 상담 후 등록률은 상당히 중요합니다. 사실 강한 영어학원은 별도의 학부모 상담이 필요하지 않을 수도 있습니다만, 어쨌든 강한 영어학원일수록 상담 후 등록률은 높습니다. 학부모가 애초에 상담이 아닌 등록 목적으로 학원을 방문하는 경우가 많기 때문일 것입니다.

개인적으로는 개원한 지 2년 이상 된 교습소나 학원이라면 상담 후 등록률이 평균 50% 이상은 되어야 한다고 생각합니다. 물론 학부모들이 쇼핑하듯 학원을 알아보는 시기인 1~3월에는 등록 성공률이 떨어질 것이고, 학원 비수기에는 성공률이 높을 것입니다.

가정에서 운영하는 영어 공부방이라면 80% 이상이 되어야 한다고 봅니다. 아마 100%에 가까운 등록률을 보이는 영어 공부방도 분명히 있을 것입니다.

상담 후 등록률은 학원의 형태나 운영 기간에 따라서 차이가 매우 큽니다. 일반적으로 학원에 비해 영어 공부방이 상담 후 등록률이 높습니다. 홍보에 의한 방문보다는 주변인의 소개에 의한 방문, 즉 지인을 통해 정보를 듣고 마음에 들어서 방문하는 케이스가 많기 때문입니다. 영어 공부방은 사업장이자 개인이 거주하고 있는 주택입니다. 학부모 입장에서 상가가 아닌 주택을 방문하는 것에는 부담이 있을 수 있습니다. 그럼에도 불구하고 학부모가 방문했다는 것은 어느 정도 마음의 결정을 내리고 왔을 가능성이 큰 상황이라고 볼 수 있습니다.

그리고 또 한 가지 제가 강조하고 싶은 부분은 학원 운영 기간입니다. 운영 기간이 짧으면 당연히 등록 성공률이 떨어집니다. 인지도와 신뢰도 측면에서 높은 점수를 얻기 어렵기 때문입니다. 지역에서 인지도를 높이고 학부모의 신뢰를 얻기 위해서는 일정 시간이 필요합니다. 따라서 개원한 지 얼마 되지 않은 학원은 학부모 상담 후 등록률이 떨어진다고 해서 본인의 상담 능력을 탓하며 의기소침하거나 '학원에 뭔가 문제가 있는 건가?' 라는 조급함을 가지시면 안 됩니다.

대신 학부모 입장에서 생각해 보시면 됩니다. 신생 학원은 학부모가 선뜻 신뢰하기 어렵습니다. 특히, 신도시가 아닌 구도시의 경우라면 이미 자리를 잡은 학원들이 많아서 신생 학원의 경우에는 신뢰 형성에 더욱 시간이 걸립니다.

그러나 무조건 기다릴 수는 없겠지요. 짧은 기간에 등록률을 올릴 수 있는 방법을 지속적으로 찾으셔야 합니다. 탁월한 학원장 이력, 차별화된 커리큘럼, 꾸준한 학원 홍보, 지속적인 학부모 간담회, 뛰어난 외부 시험 결과, 내신 성적, sns 활동, 저서 출간 등은 등록률을 높이는 데 도움이 될 것입니다. 학부모 상담 시 전문성을 갖춘 PPT 시연을 하는 것도 효과가 있습니다.

이때 한 가지 중요한 것이 있습니다. 학부모 상담은 학원의 커리큘럼을 나열하는 시간이 되어서는 안 됩니다. 상담은 학부모에게 신뢰와 확신을 주는 자리가 되어야 합니다. 그 신뢰가 학원을 등록하게 하는 가장 중요한 요소입니다.

♦

썰물 같은 퇴원생 발생

제가 처음 영어학원을 운영할 때입니다. 거의 망한 기존의 외국어 학원을 인수하여 1년 동안 고생하고 나니 2년 차에는 상당한 발전이 있었습니다. 학생들이 마구 몰려오더군요. 1,2월 두 달 동안에만 약 60명의 학생이 등록했습니다. 상담하랴 수업하랴 정신이 하나도 없었습니다. 그래서 부푼 꿈을 꾸었습니다.

"와~ 나 됐구나!"

그런데 10월에 접어들면서 초등 6학년 학생들이 한두 명 빠져나가더군요. 처음에는 그러려니 했는데, 시간이 지나자 걷잡을 수 없이 퇴원이 발생하여 5,6학년 대부분이 원을 떠났습니다. 마치 썰물처럼 학생들이 빠져나갔습니다.

"도대체 이게 무슨 일이란 말인가?"

상황을 분석해 보니 한 클래스에 6학년 학생들과 다른 학년 학생들이 섞여 있었던 것이 문제였습니다. 제가 학원을 운영하던 지역은 경기도 안산이었는데, 안산은 당시 비평준화 지역이었습니다. 그래서 전 과목을 강의하는 내신 전문 보습 학원이 매우 강세였고, 초등 6학년은 2학기가 되면 전 과목 보습 학원으로 이동하는 것이 일반적이었습니다. 저는 안산의 이런 지역적인 특성을 전혀 몰랐던 것입니다.

그리고 또 하나 알지 못한 매우 중요한 사실이 있었습니다.

"학원은 분위기가 매우 중요하다!"

퇴원생이 다수 발생하면 그 분위기에 휩쓸려 그 아이들과 친하게 지내던 같은 반 아이들이 우르르 함께 그만둘 수 있다는 사실을 미처 몰랐습니다.

쓰라린 경험 후, 저는 6학년 반을 따로 구성하기로 했습니다. 지역적인 특성으로 인해 어차피 6학년 2학기에 빠져나가는 학생은 잡아 두기 힘듭니다. 하지만 퇴원생은 6학년에 그쳐야 하기에, 다른 학년은 분위기를 타지 않도록 6학년만 격리하여 반을 따로 구성했습니다.

학원 운영에 있어 강조해서 말씀드리고 싶은 것이 있습니다. 학원에서 작은 것이라도 나쁜 징조가 감지되면 이를 빨리 해결해야 한다는 것입니다. 걷잡을 수 없는 집단 퇴원이 발생할 수 있기 때문입니다.

이러한 상황을 미리 예방하는 것도 중요합니다. 그러기 위해서는 우선 학부모, 학생과의 접촉을 늘려야 합니다. 학부모 간담회, 학생 개인 상담 등의 방법을 통해 꾸준히 소통하고 신뢰를 쌓는 것입니다. 또한, 학생과 학부모에게 비전을 제시해 줄 수 있는 신규반 개설도 있으면 더욱 좋습니다.

학생들이 썰물처럼 빠져나가는 것이 아닌,
밀물처럼 몰려드는 분위기의 학원!
모두 그런 학원으로 만들어 가시면 좋겠습니다.

◆
학부모의 참견 혹은 조언

처음 영어학원을 운영할 때였습니다. 당시 제 나이가 35세였네요. 등록한 지 얼마 되지 않은 한 학부모가 신규 클래스 개설을 요구했습니다. 자녀가 학교를 다녀온 후 간식을 먹여서 학원에 보내고 싶은데 수업 시작 시간이 빨라서 힘들다는 것이 이유였습니다. 간식도 먹이지 못하고 학원을 보내는 엄마의 마음이 아프니 더 늦은 시간대에 클래스를 개설해 달라는 요구.

하지만 신규 클래스를 개설하면 학생 한 명만을 위해 강사도 투입해야 하고, 학원 버스도 이 학생만을 위해 그 시간대에 운행해야 하는 상황이었습니다. 더욱이 그 학부모가 클래스 개설을 요구하는 시간대는 학생 모집이 쉽지 않은 시간대라 향후에도 학생들이 모집될 가능성이 적다고 판단되었습니다.

저는 학부모에게 이와 같은 상황을 설명하며 클래스 개설 불가 의사를 밝혔습니다. 그랬더니 격한 반응이 오더군요.

"젊은 사람이 그렇게 사업 감각이 없냐?"

"그냥 그 정도로 학원을 운영할 거냐?"

"학생에 대한 소중함을 모르냐?"

모두 적을 수는 없지만 온갖 기분 상하는 말을 쏟아 놓더군요. 저의 학원 인생에서 학부모와 크게 충돌한 경험이 딱 두 번 있는데, 이때가 처음의 경우였습니다.

학원을 운영하다 보면 다양한 학부모를 접하게 됩니다. 학원을 완전히 믿고 자녀를 보내 주시는 학부모도 있지만, 이런저런 참견을 하며 월권하는 학부모도 있습니다. 주로 만만한 학원을 대상으로 말입니다. 만만한 학원이란 이제 막 개원한 학원, 학원장이 나이가 어린 학원, 학생이 많지 않아 보이는 학원 등입니다. 앞서 말씀드린 학부모 입장에서는 제가 이제 막 개원했고 젊으니 만만해 보였을 것입니다. 경험 없는 원장이니 윽박지르면 자신의 요구가 관철될 것으로 생각했겠죠.

학부모의 의견 중에는 건설적인 내용도 있지만 받아들이는 것이 맞는가에 대한 고민을 불러일으키는 것도 있습니다. 저의 경우, 강의 내용과 관련된 부분은 절대로 학부모의 의견을 받아들이지 않습니다. 사담이 많다, 문법을 더 넣어라, 문제 풀이를 더 철저히 시켜라 등등 학부모 각자의 입맛에 맞추어 강의 내용에 조언 내지 참견을 하는 것은 절대 허용해서는 안 된다고 생각합니다. 이것은 한 번 허용하면 끝이 없을 가능성이 매우 높고, 그러면 강의의 중심을 잡기 어렵습니다.

사실 대단히 어렵기는 합니다. 학부모의 참견이라고 생각한 것이 올바른 것일 수 있기 때문입니다. 따라서 원칙이 중요합니다. 그때그때 상황과 기분에 따라 판단하는 것이 아니라, 학원 원칙을 확고히 세운 후 학원 원칙에 의거하여 판단을 하는 것입니다. 학원 원칙은 학원의 중심을 확실히 잡아 줍니다.

♦

낮은 수강료, 무조건 좋은 것일까?

저희 동네에 자주 가던 음식점이 있었습니다. 제가 이곳을 찾는 이유는 간단합니다. 음식 값이 5천 원으로 저렴하면서 작은 부침개까지 줍니다. 게다가 음식 양도 많고 맛도 괜찮습니다. 그렇게 자주 가다 보니 사장님과 조금은 친해져서 싼 가격의 이유를 물은 적이 있습니다. 가격을 조금 올리셔도 되지 않느냐면서요. 그런데 사장님은 아주 단호히 말씀하시더군요.

"에이, 그럼 누가 여기를 와요? 이곳은 서민들만 사는 빈민가예요!"

그 말을 듣고, 음식점 사장님이 저와는 정반대의 생각을 하고 계셔서 무척 놀랐습니다.

저는 제가 사는 동네를 젊은 층이 많고, 수득 수준이 괜찮은 지역으로 평가하고 있었습니다. 나름대로 이 지역에서 오랫동안 아이들을 지도해 왔기 때문에 비교적 근거 있는 판단일 것입니다. 그런데 같은 시장을 두고 저와 음식점 사장님은 완전히 다른 평가를 하고 있었습니다.

음식점 바로 앞에는 소형 임대 아파트 단지가 있습니다. 그러나 이임대 아파트를 제외한 대부분의 단지는 30평 이상의 중·대형 아파트가 대부분입니다. 아마도 음식점 사장님은 가게 바로 앞에 위치한 소형 임대 아파트 단지만을 보고 시장 전체를 평가한 것이 아닐까 싶습니다.

여러 학원장님들을 만나다 보면 지역 사정과 법정 수강료를 고려하여 적절하게 수강료를 책정한 경우도 있지만 고개를 갸우뚱하게 만드는 경우도 있습니다. 지역에 비해 수강료가 지나치게 낮게 책정된 것 같아서 말입니다. 이런 경우, 대부분의 원장님은 낮은 학원 수강료 때문에 상당히 힘들어합니다. 흥이 나지 않는다는 것입니다.

지역을 정확히 파악하기는 힘듭니다. 내가 그곳에 살아도, 시장 조사 기관에 맡겨도 정확히는 파악하기 힘들 것이라 생각합니다. 그러나 혹시 현재 원장님이 학원을 운영하는 지역의 소득 수준을 지나치게 낮게 평가하고 있지는 않은지 한번쯤 생각해 보실 필요가 있습니다. 특히 낮은 수강료 때문에 힘들어하고 계시다면 더더욱 그렇습니다. 지나치게 낮은 수강료는 학원장의 의욕을 떨어뜨려 경쟁력을 약화시킵니다.(단, 저가 수강료에 대한 원장님의 확고한 철학이 있다면 예외입니다.)

♦

적절한 고생은 성공으로 가는 약이다

지금까지 만나 본 원장님 중에는 처음부터 성공적으로 학원을 운영하여 롱런하는 분들도 계시지만 단기간에 사업을 접으신 분들도 계십니다. 또, 치음에는 고전했지만 결국 강한 영어학원으로 성장한 원장님들도 만났습니다. 반면, 처음에는 학원을 성공시켰지만 급속도로 몰락하는 경우도 접했습니다. 추락하는 것에는 날개가 없다고 했나요? 단기간에 성공했다가 추락하는 경우에는 추락 속도가 너무 빨라 정신이 없을 정도입니다.

롱런하는 원장님들을 보면 강해지기 위해 필요한 기간이 있습니다. 학원 개원 후 고전하면서 상황을 극복하기 위해 절박한 마음으로 연구하고 노력하는 그 기간에 서서히 강해집니다. 내공이 쌓여 가는 것입니다. 그러다 적절한 계기를 만나면 만개합니다.

현재 두 개의 학원을 운영하며 차량 없이도 400명 이상의 재원생을 유지하고 있는 경북 지역의 한 원장님도 개원 초기에는 강사 시절보다 못한 수입으로 폐원을 심각하게 고민했을 정도로 고전했었습니다. 2년 정도 그렇게 고전했다고 합니다.

그러나 자녀를 학교에 보낸 후 바로 학원에 출근하여 교재를 연구하고, 별도 워크북을 제작하고, 그렇게 위기를 극복하여 현재까지 약 15년 이상 승승장구해 오고 있습니다.

큰 성공을 하지는 못했지만 저의 경우도 마찬가지입니다. 인수하여 학원을 처음 시작했는데 처음 1년간은 고통이 매우 컸습니다. 그러나 살아남기 위해 많은 연구를 하면서 강해질 수 있었습니다.

제가 사용한 방법은 다이어리에 모든 사항을 하나하나 적어 보는 것이었습니다. 현재의 상황과 돌파구가 될 만한 내용들을 차분히 적어 보니 나름대로의 방법들이 떠올랐습니다.

그래서인지 저는 제가 사용한 다이어리에 애착이 상당히 많아 오너로서 학원 사업을 시작한 2002년부터 현재까지의 다이어리를 모두 보관하고 있습니다. 가끔 다이어리들을 보면서 과거의 저를 돌아보고, 추억에도 젖고, 잊었던 전략들을 다시 생각해 보기도 합니다.

지금 생각해 보면 어려움의 시기는 약이었습니다.
나를 단련시켜 강하게 하는 시간인 것입니다.
현재가 힘들고 어렵더라도 힘을 내야 하는 이유가
바로 여기에 있습니다.

Chapter 5.

학원장 인터뷰

천안 목천
대일 학원
신각철 원장님

신각철 원장님은 소규모 속셈 학원부터 중·대형급 입시 학원 운영을 거쳐 지금은 천안 목천 지역에서 아내분과 함께 50평 규모의 강소 영·수 학원을 운영하고 계십니다. 원장님은 영어 과목을 담당하고 계시며, 80~90명의 영어 수강생들을 보조 강사 없이 온전히 혼자서 가르치고 계십니다.

강의뿐만 아니라 기자재 관리, 학원 청결 등 원장님의 디테일한 학원 관리는 빈틈이 없습니다. 하지만 저는 무엇보다도 원장님의 지속성을 가장 높이 평가합니다. 현재 계신 목천 지역에서만 약 14년 정도를 꾸준히 지도하고 계신데, 운영의 효율성과 확실한 학습 결과가 없었다면 소문 빠른 작은 지역에서 14년 이상을 절대 생존하지 못했을 것입니다.

20대에 일찍 학원 사업을 시작하셔서 현재는 30년 경력의 베테랑이신 원장님. 30년이라는 시간 동안 수많은 시행착오를 겪고 또 그것을 극복하면서 얼마나 많은 학원 운영 노하우가 축적되었을지는 가늠하기 힘들 정도입니다.

원장님 소개를 부탁드립니다.

1992년, 대학교 4학년 때부터 강의를 시작했습니다. 당시 노량진에서 학원 강사였던 여자 친구(현재의 아내)를 보고, 학원 사업이 괜찮을 것 같아 취업 대신 학원 창업을 하게 되었습니다. 그리고 벌써 30년이나 흘렀네요.

교육 철학과 학원 운영 철학을 알려 주세요.

긴 세월을 지나며 계속해서 삶의 모습이 달라지는 것처럼, 학원 운영 철학도 연령대에 따라 변화하는 것 같습니다. 초창기에는 무슨 수를 써서라도 좋은 성적을 내야 살아남는다는 마인드로 했던 것 같고, 자식을 낳고 커 가는 과정을 보면서 좀 더 아이들 입장에서 생각하고 배려하는 것이 방법이라는 마인드로 바뀌었습니다.

또한 학원을 운영함에 있어 학부모나 학생, 그리고 강사들에게 '친절하되 선을 넘지 말자'라는 것이 저의 철학입니다. 지나친 친절이나 배려는 학원 운영에 크나큰 독이라고 생각합니다.

학원 소개를 간략히 해 주세요.

1990년대에 일명 '속셈 학원'으로 시작했고, 90년대 후반에 초·중등 대상 입시 학원으로 전향하여 국·영·수·사·과 다섯 과목을 개설하였습니다. 2003년경부터 고등부를 시작하여 한때 강사 9명과 파트타임 약간, 그리고 차량 4대를 운행하는 규모까지 확장하였으나, 4대 보험 등의 등장으로 다수의 직원을 유지하기 힘들겠다는 생각에 2008년에 영어 프랜차이즈를 도입하면서 영·수 단과로 단계적으로 규모를 축소하여 오늘날의 초·중등 영·수 단과 학원으로 운영하게 되었습니다.

현재는 학생 수가 그때처럼 많지는 않지만 아이들에게 좀 더 친근하게 다가갈 수 있어 좋고(예전에는 이름조차 모르는 아이가 있었음), 다그치기보다는 많이 이해해 주려고 노력하고 있습니다.

일생에 단 두 번의 프랜차이즈 가맹을 했는데 현재의 프랜차이즈가 두 번째입니다. 사실, 어느 프랜차이즈도 학원장 개인의 취향이나 교육 방향에 완전히 부합하는 경우는 없다고 생각합니다. 그래서 지속적으로 커리큘럼과 자기 주도 학습 티칭법을 개발했고, 현재는 과거에 비해 매우 만족스러운 수업을 할 수 있게 되었습니다.

하지만 세상은 꾸준히 변화하고 있으므로 앞으로도 지속적인 프로그램 도입 등의 노력을 게을리하지 않고 변화를 모색해 나갈 것입니다.

특별한 교육적, 운영석 성과가 있었다면 알려 주세요.

과거 한때 특목고에 몇 명 보냈다는 것이 있겠죠. 하지만 세상이 아무리 소수 엘리트에 의해 유지되고 발전해 나간다 해도 그보다 훨씬 더 많은 다수의 중·하위권 아이들 없이는 학원 운영이 불가능하고, 그들의 시장이 더 크다는 것을 간과하면 안 된다고 생각합니다.

학원 운영에서 가장 중점을 두는 부분은 무엇인가요?

1) 학원의 수익성

2) 학생들의 수업 만족도

3) 학생들의 실력 향상

수강 대상은 어떻게 되나요?

현재는 초등 3학년부터 중등 3학년까지입니다.

원장님 학원만의 차별화 요소가 있다면 알려 주세요.

1) 기존의 수강생에게 잘해 주기

2) 나에게 필요한 수입이 충족된다면 수강료는 인상하지 않는 것

3) 썩은 사과 가려내기(실력 향상이 안 되면서 학습 분위기를 해치면 퇴원을 유도합니다.)

학원 운영에서 어려운 점은 무엇인가요?

열심히 하는데 유전적인 요소로 인해 실력 향상이 안 되는 아이들에 대한 고민은 늘 있습니다. 그러나 그들이 저를 게으름 피우지 않도록 자극을 주는 아이들이지요. 실제로 그런 아이들을 어떻게 가르칠 것인가를 고민하면서 만들어진 티칭법이나 학습 규칙들이 아주 많습니다.

자랑하고(알리고) 싶은 것이 있으면 말씀해 주세요.

빚을 다 갚고 현금 100만 원만 통장에 있었으면 좋겠다는 초창기 시절이 있었습니다. 그래도 포기하지 않고 꾸준히, 그리고 부지런히 움직여서 나름 크게 돈에 구애되지 않고 생계를 유지하며 아이들을 양육할 수 있었던 것이 감사합니다. 또한 학생들을 가르치는 보람된 일을 하면서 경제적인 부분도 충족시킬 수 있고, 자녀 양육에도 많은 도움이 되니 학원장이란 참 고마운 직업이 아닌가 생각합니다.

평균적인 학원 출근 시간과 퇴근 시간이 어떻게 되나요?

3회에 걸쳐 재원생들을 학교에 등교(외곽 지역이라 등교 서비스가 필수)시켜 준 후, 오전 8시 30분에 출근해서 오후 9시 20분 쯤 퇴근합니다. 좋은 아이디어가 떠올랐을 땐 잠이 안 와서 새벽에 나올 때도 있고, 주말에 나오기도 합니다. 강의를 제외한 대부분의 시간을 강의 준비에 활용하며, 아이들이 불편하지 않도록 책걸상 등의 시설 점검도 늘 하고 있습니다.

기타 말씀하고 싶은 것이 있다면?

학원을 운영하면서 여러 가지 난관에 봉착할 때도 참 많았습니다. 하지만 교육 사업은 언제나 정직한 정책으로 헤쳐 나가지 않으면 주변 학부모님들로부터 외면당하기 쉽습니다. 그래서 힘든 일이 생기면 늘 정면 돌파를 지향해 왔습니다.

또한 새로운 것에 대한 노선을 누려워하지 않되, 새로움에 집착하지는 않으려고 노력하고 있습니다. 새로운 것에 대한 집착이 강하면 자칫 '나의 교육 방식이 잘못되었나?' 라는 생각에 슬럼프에 빠지기도 하니 강한 멘탈을 유지하도록 자기 수양도 병행하는 것이 좋겠죠.

주변 학원에 지나치게 경쟁의식을 느끼는 것도 경계해야 한다고 생각합니다. 경쟁의식을 지나치게 느끼면 필요 이상으로 타 학원에 신경을 쓰게 되더군요. 내 학원에 집중하는 것이 훨씬 효율적인 학원 경영이라고 생각합니다.

분당 정자동
프라우드 세븐
차 동 율 원장님

대학생 때부터 영어 강사가 꿈인 청년이 있었습니다. 이 청년은 대학 졸업 후 상당한 경쟁을 뚫고 대형 학원 강사직 최종 면접을 보게 됩니다. 최종 면접에서 이 젊은 강사 지원생은 당시 학원장에게 이런 요구를 합니다.

"합격하면 학원에서 숙식해도 되나요?"

강의를 잘하려면 교재도 분석하고 강의 연구도 해야 하는데, 출퇴근으로 시간이 낭비되면 그만큼 연구할 시간이 줄어드니 그런 제안을 한 것입니다. 그리고 이 청년은 합격한 다음 날부터 정말 야전 침대에서 잠을 자며 학원에서 생활합니다. 아침에 일어나면 누가 시키지도 않은 학원 청소를 혼자서 합니다.

이 젊은 강사는 대한민국 최고 강사들의 강의를 부단히 연구하며 실력을 키워 국내 최대 온라인 강의 업체인 메가스터디에서 강의하게 되었고, 퇴직 후에는 사교육의 메카인 대치동에서 인기 고액 강사로 활약하게 됩니다.

이 청년이 바로 동료 원장님들로부터 '널리 영어학원계를 이롭게 한다'

하여 홍익인간이라는 별명을 얻은 '컴투맨' 프로그램 개발자 차동율 원장님이십니다. 차동율 원장님은 영어 시장의 흐름을 읽는 탁월한 눈을 가지고 계시며, 받기보다 주는 것을 편안하게 여기는 분입니다.

"받기보다 내가 준다! 원하는 것보다 더 준다!"

원장님은 이러한 생활신조로 사시는 분인 것 같습니다. 성실성과 실행력은 기본으로 장착하셨고요. 몇 년 전부터는 구문 정독 온라인 프로그램인 '컴투맨 프로'와 소리 영어 프로그램인 '컴투맨 무비'를 영어학원, 교습소, 공부방에 공급하고 계십니다. 앞으로도 대한민국 영어학원계에 큰 발자취를 남기실 분이라는 것을 믿어 의심치 않습니다.

―――――

원장님 소개를 부탁드립니다.

저는 꿈이 학원 강사였습니다. 지하철 광고판에 이름이 걸린 강사들을 보면 많이 부러웠습니다. 그 당시 선릉역의 한국학원 강사들의 사진들을 보면서 학원 강사의 꿈을 키웠습니다. 그리고 1990년부터 강의를 시작하여 지금 31년째 강의하고 있습니다.

교육 철학과 학원 운영 철학을 알려 주세요.

교육 철학은 너무 거창해서 잘 모르겠습니다. 다만, 시장에서 인정받는 사람이 되고 싶습니다. 상위권 학생들에게는 조금 직설적이고 구박도 하는 편이지만 중하위권 학생들에게는 더없이 따뜻한 선생이고 싶습니다. 학원을 떠나도 찾아오고 싶은 선생이고 싶네요.

운영 면에서는, 마니아만 남아 있는 학원보다는 대중성도 있으면서 학생들을 성장시키는 학원이고 싶습니다.

학원 소개를 간략히 해 주세요.

프라우드 세븐은 작지만 아주 강한 학원을 지향합니다. 지금까지 '컴투맨'(단어 학습 및 구문 정독 온라인 프로그램)을 활용한 1인 체제로 운영해 왔습니다. (시중 자료들과 컴투맨을 활용한 운영으로, 강의식 수업이 아니라 거의 모든 것을 컴투맨에 의존하여 수업을 진행하고 있습니다.)

그런데 이제 혼자서는 운영하기 어려운 한계 인원에 도달해서 최근 우수한 선생님 한 분을 모셨습니다.

그동안 특별한 교육적, 운영적 성과가 있었다면 알려 주세요.

대치동에서는 최상위권 위주의 고액 과외를 했다면, 분당에서는 중하위권의 성적을 올리는 것에 포커스를 맞췄습니다. 그리고 컴투맨 프로그램을 통해서 중하위권의 성적을 확실하게 올릴 수 있었습니다.

금년의 서울대 3명 합격은 운이 좋았던 것 같고, 중하위권 성적을 많이 올린 것이 제가 가장 뿌듯하게 생각하는 부분입니다.

학원 운영에서 가장 중점을 두는 부분은 무엇인가요?

수익성에 가장 중점을 두고 운영하고 있습니다. 수익성은 시장에서 인정받고 있음을 증명하는 척도라고 생각합니다. 물론 정확한 지식을 전달하는 것도 중요하지만 시장에서 인정받지 못하면 마음이 많이 힘들 것 같습니다.

수강 대상은 어떻게 되나요?

초등 5학년부터 고등 3학년이며, 지금은 초·중등이 55%, 고등이 45%

입니다.

원장님 학원만의 차별화 요소가 있다면 알려 주세요.
교육 특구 중 하나인 분당에서 최대 약점이자 최대 강점일 수 있는 프로그램을 활용하여 학원을 운영하는 사람입니다. 주변에 저처럼 프로그램으로 학원을 운영하는 사람이 없습니다. 이게 차별화인 것 같습니다.

학원 운영에서 어려운 점은 무엇인가요?
원래 재미있던 일이라 학원 일은 어려운 점이 없습니다.
학원 일 빼고 다 어렵습니다.

자랑하고(알리고) 싶은 것이 있으면 말씀해 주세요.
과외, 공부방, 학원 일을 하면서 돈 걱정은 안 하고 살았던 거 같습니다.

평균적인 학원 출근 시간과 퇴근 시간이 어떻게 되나요?
일어나서 아침밥 먹고 바로 학원에 출근하면 보통 9시 30분에 도착하며, 퇴근은 10시~11시경입니다

기타 말씀하고 싶은 것을 알려주세요.
교육·서비스업인 학원 운영에는 여러 가지 방법이 있을 수 있다고 생각합니다. 한 가지 방법에 너무 얽매이지 않고 다양한 지도 방법을 연구하시면 좋겠습니다.

부산 장전동
영어쑥쑥 어학원
최연순 원장님

　부산 금정구 장전동에서 영어 원서 전문 학원인 영어쑥쑥 어학원을 운영 중인 최연순 원장님은 다소 독특한 이력을 가지고 계십니다. 여성으로는 보기 드물게 공대를 졸업하셨고, 국가 공인 4대 IT 자격증을 모두 소유하고 계신 IT 전문가이기도 합니다.

　원장님은 국내 대기업 근무 중 자녀의 영어를 직접 가르치게 되면서 학원업과 인연을 맺었습니다. 여러 영어 학습 방법 중 영어 원서의 학습적 효과에 주목하고, 이 분야를 집중적으로 연구하여 국내 최고 수준의 영어 원서 전문가로 인정받고 있습니다. 아마도 공대 출신 특유의 집중력과 IT 지식, 그리고 원장님의 원서 학습법에 대한 확신과 끊임없는 연구의 결과인 듯합니다.

　공부방으로 시작하여 교습소, 어학원으로 확장 후 2년이 안 되어 최근 다시 학원을 확장하셨고, 외국어 학원 외에 보습 학원도 종목을 추가하여 수학 과목도 지도하고 있습니다.

원장님 소개를 간단히 부탁드립니다.

워킹맘으로서 첫째 아이 영어 교육에 대해서 알아보던 중 엄마표 영어 수업을 처음 접하게 되었고 어린이 영어 지도자, 영어 독서 지도자 등의 수업을 들으면서 우리 아이들과 엄마표 영어 수업을 시작했습니다. 특히 영어 거부가 심하던 첫째 아이가 액티비티 위주의 수업을 통해 영어에 조금씩 재미를 붙이는 것을 보니 큰 보람과 기쁨을 느꼈고, 수업을 기획하고 가르치는 것에 대한 나의 열정과 재능도 발견하게 되었습니다. 그래서 14년간 몸담았던 회사를 그만두고 2010년에 공부방을 창업하게 되었습니다. 그렇게 공부방 5년, 교습소 3년, 어학원 4년 운영하고 이제 강의 경력 12년 차에 접어들었네요.

교육 철학과 학원 운영 철학을 알려 주세요.

영어는 언어이기 때문에 꾸준한 노출을 통해서 자연스럽게 습득되어야 한다고 생각합니다. 특히 처음 시작은 소리와 책을 통한 즐거운 방식을 지향합니다. 저는 노출의 도구로 원서를 선택하였고, 원서 독서 교육을 통해 아이들의 리딩 레벨뿐 아니라 전반적인 영어 실력을 높여 나가고자 합니다.

학원 소개를 간략히 해 주세요.

부산 금정구 장전동에 위치한 어학원입니다. 초·중·고 아이들과 함께 하고 있고 최근에 수학 과목도 추가되었습니다.

그동안 특별한 교육적, 운영적 성과가 있었다면 알려 주세요.

공부방에서 교습소, 어학원으로 꾸준히 확장해 오고 있습니다. 이제 지역에서 아이들이 즐겁게 공부하면서도 실력을 쌓을 수 있는 영어학원으로 자리매김하고 있으며, 감사하게도 멀리서 학부모님들이 라이딩해서 오는 아이들도 늘고 있습니다.

학원 운영에서 가장 중점을 두는 부분은 무엇인가요?

당연히 아이들의 영어 실력 향상입니다. 특히 원서를 통한 Reading Comprehension의 향상을 위해 노력하고 있습니다.

수강 대상은 어떻게 되나요?

초·중·고 학생입니다.

원장님 학원만의 차별화 요소가 있다면 알려 주세요.

원서 5천여 권을 보유한 영어 도서관을 품고 있는 어학원입니다. 원서 스토리북과 챕터북을 기반으로 한 자체 교재를 사용하여 원서 수업을 진행하고 있으며 책으로 영어 실력을 쌓아 가는 학원입니다. 특히, 영어를 시작하는 아이들이 아주 재미있게 다니는 학원이면서, 빠른 시간에 리딩을 틔워 주는 학원입니다.

학원 운영에서 어려운 점은 무엇인가요?

학원 운영에서 어려운 점은 100만 개 정도인 듯합니다.
너무너무 많아요!

평균적인 학원 출근 시간과 퇴근 시간이 어떻게 되나요?

오전 9시~10시 사이 출근하여 오후 9시~10시 사이 퇴근합니다.

기타 말씀하고 싶은 것을 알려 주세요.

'세상에 공짜는 없다'라는 말은 학원 운영에서도 통하는 것 같습니다. 다만, 학원 운영에 있어서 가장 큰 비용은 원장님의 열정입니다. 열정을 쏟는 만큼, 고민의 깊이만큼 학원이 자랍니다. 열정을 잃지 않고 꾸준히 방법을 찾아 간다면 진정한 강한 영어학원이 되리라고 믿습니다!

남양주 호평동
에메트 영어학원
이현진 원장님

　다재다능함과 성실성을 겸비한 에메트 영어학원 이현진 원장님을 한마디로 잘라서 정의하기는 매우 어렵습니다. 그래도 굳이 짧게 정의한다면 이렇지 않을까요?

　'타고난 강사!'

　강의 중간중간 던지는 유머로 분위기를 이끌고 강력한 카리스마로 강의를 장악합니다. 또한 원장님은 가르치는 학생(성인 포함)의 수준과 심리를 꿰뚫는 탁월한 능력을 보유하고 있습니다. 그만큼 명석한 두뇌를 가졌으며 공감 능력과 타고난 감각이 뛰어나다는 의미일 것입니다.

　그리고 그 뛰어난 감각과 능력에 묻혀 다른 사람들이 잘 보지 못하는 이현진 원장님의 큰 장점이 있습니다. 바로 '일에 대한 극강의 몰입과 성실함'입니다. 천재라고 불릴 만한 분이 성실하기까지 합니다.

　오랜 기간의 준비를 거쳐, 작년부터는 소리 영어 온라인 콘텐츠인 '퍼니퍼니'와 그래머 학습을 위한 '에메트 그래머'를 각고의 노력 끝에 개발하여 공급하고 있습니다. 학원을 운영하는 바쁜 일정 중에서도 영어학원, 교습소, 공부방을 위한 콘텐츠 개발 및 공급을 병행하고 있는 것이죠.

저는 에메트 이현진 원장님을 이렇게 종합하여 평가하고 싶습니다.

"우리나라 영어학원계에 엄청난 도움과 영향을 줄 분!"

지금도 영향력이 상당하지만 이것은 시작에 불과하다고 생각합니다.

————

원장님 소개를 간단히 부탁드립니다.

1997년도 수능 시험 보고 나서 아르바이트로 과외를 시작했고, 학원에서 강의를 시작한 건 2001년부터였습니다. 분당의 한 학원에서 수학 강사 채용 공고를 보고 시강하러 갔었는데, 그 학원에서 갑자기 영어 강사가 펑크를 내고 그만두는 바람에 영어 수업을 맡게 되었습니다. 그 후, 2002년에 군대를 갔다가 2004년도에 제대하고 바로 경기도 구리에서 전임 강사로 취업을 하게 되었고요.

원래는 군대 제대하고 1년 정도 열심히 돈을 모아서 영국으로 유학을 가려고 준비했었는데, 어찌하다 보니 그냥 눌러앉아 오늘까지 아이들을 가르치게 되었네요. 과외는 빼고 학원 경력만 따지면 군대 가기 전 2년과 제대하고부터 지금까지 18년을 더하여 이제 20년 차 되었습니다.

교육 철학과 학원 운영 철학을 알려 주세요.

교육 철학은 학생의 자기 주도 학습 능력을 키워 주어서 고등학교 진학 이후부터는 학원의 도움 없이 스스로 영어 공부를 할 수 있도록 만들어 주자는 것입니다.

학원 운영 철학은 강소 학원을 지향하며 최소의 투자로 최대의 수익률을 올리는 '가성비 갑 학원 운영'입니다.

학원 소개를 간략히 해 주세요.

부부 학원입니다. 수업은 원장인 제가 대부분 진행하고, 부원장은 랩실 관리 및 기타 운영을 도맡아서 하고 있습니다.

2021년도에 고등부는 정리하고 현재는 초·중등부 학생으로만 주 4.5일 수업을 하고 있습니다. 초등부터 강하게 키워야 입시에도 강해진다는 믿음으로 알파벳부터 체계적으로 가르치고자 집중하고 있습니다. 고등 때는 잘 가르친다는 게 의미가 없더군요. 고등부는 이미 잘하는 아이들이 잠시 스쳐 지나가다 각자 수준에 맞춰 대학에 진학하는 거라 생각합니다.

학원 운영과 더불어 강소 학원에 필요한 프로그램 및 콘텐츠를 공급하고 강소 학원에 최적화된 수업 모델을 개발해서 교육하는 것이 제2의 목표입니다. 크게 운영하면 크게 망한다는 개인의 경험을 바탕으로, 작은 규모에서도 알차게 고수익을 올릴 수 있는 학원 모델을 만들어 보고 싶습니다.

그동안 특별한 교육적, 운영적 성과가 있었다면 알려 주세요.

학원의 컨셉을 소위 '빡센 학원'으로 설정하고, 시기를 놓친 안타까운 고학년들을 타깃으로 좋은 성과를 올려 지역 내에서 입지를 다지고 있습니다. 단적인 예로, 예비 중2 겨울 방학 때 입학하여 파닉스부터 시작한 한 남학생이 2학년 1학기 기말에서 80점대 중반의 점수를 받았고, 2학기 기말고사에서는 100점을 받았습니다.

보통 이런 수준의 아이들은 같이 수업할 클래스를 찾아 주는 것도 쉽지 않은 일이지만, 저희 학원의 일대일 수업 방식으로는 레벨에 구애받지 않고 수준별 수업이 가능하기에 이와 같은 성과를 이룰 수 있었다고 생각합니다. 그룹식 수업 비중이 높은 학원에 갔었다면 들러리만 서다가 그만두었을 전형적인 케이스라고 생각합니다.

학원 운영에서 가장 중점을 두는 부분은 무엇인가요?

효율성입니다. 운영 및 수업 모두 가장 중요한 것은 효율성입니다. 그러다 보니 다소 딱딱한 규정이 많고, 학생이든 학부모든 초반 적응하는 데 다소 어려움이 있긴 합니다.

그리고 상담보다는 수업에 집중하는 편입니다. 학원비는 엄마가 내지만 학원을 다닐지 말지는 학생이 판단한다고 생각합니다.

무섭지만 재미있고, 그렇지만 따뜻한 선생이 되려고 최대한 학생들에게 애쓰고 있습니다.

수강 대상은 어떻게 되나요?

초2부터 중3까지입니다.

원장님 학원만의 차별화 요소가 있다면 알려 주세요.

학생의 학년과 레벨에 상관없이 신입을 받을 수 있고, 수업이 가능합니다. 그 이유는 강의식 그룹 수업과 일대일 수업의 적절한 밸런스에 있다고 생각합니다. 초등부는 그룹 수업 대 일대일 수업 비중이 3:7 정도

이고 중등 이상부터는 백 퍼센트 일대일 수업으로 진행하고 있습니다.

학원 운영에서 어려운 점은 무엇인가요?
세무 처리입니다. 매출에 비해 지출이 적다 보니 항상 세무 신고에 어려움이 많습니다.

자랑하고(알리고) 싶은 것이 있으면 말씀해 주세요.
초등이 강한 학원입니다. 단기간에 가장 빠른 성장을 보여주는 학년들입니다. 또한, 6대 영역(어휘,문법,듣기,말하기,읽기,쓰기)에 걸친 다양한 커리큘럼과 그 커리큘럼을 커버해 줄 콘텐츠와 프로그램을 갖춘 강소 학원이라고 생각합니다.

평균적인 학원 출근 시간과 퇴근 시간이 어떻게 되나요?
학원이 집 앞이라 출퇴근이 큰 의미가 없는 상황이지만, 보통 업무 시작은 오전 9시, 업무 마감은 새벽 1시입니다. 학원에서 근무하는 시간은 오후 2시~9시입니다. 주말에는 학원 수업은 없습니다.

기타 말씀하고 싶은 것을 알려 주세요.
강소 학원의 모델이 되고 싶습니다. 그리고 제가 가진 노하우와 경험들을 많은 원장님들과 공유하고 싶습니다.
단, 자격을 갖춘, 절실한 원장님들과 함께하고 싶습니다.

송파구 가락동
이엔엠 학원
이정식 원장님

　이정식 원장님은 서울 송파구 가락동에서 이엔엠 학원(영어, 수학 위주
의 전 과목 학원)을 형님 내외와 함께 운영 중입니다. 참고로 이정식 원장
님은 미국 시민권자입니다. 미국 거주 시절에는 수학 강의를 하였고 한국
에서는 영어를 지도하고 있습니다.

　이정식 원장님은 영어 강의 능력 이외에 IT 관련 능력이 탁월하시며 이
를 학원 운영에 최대한 활용합니다. 다양한 툴과 프로그램을 자유자재로
활용하여 학습 효과를 극대화합니다. 최근 온라인 강의 등 IT 활용의 비중
이 높아지는 영어학원 트렌드를 감안하면 참으로 부러운 능력입니다.

　늘 친절하고 명쾌한 설명.

　끝까지 책임지려는 프로의 모습.

　이것이 제가 평가하는 원장님의 모습입니다.

원장님 소개를 간단히 부탁드립니다.

안녕하세요. 송파구에 위치한 학원에서 아이들 영어를 지도하고 있는 이정식이라고 합니다. 미국에서 수학 과외를 하다가 다시 한국으로 돌아와 영어 그룹 과외부터 시작해 현재는 학원에서 아이들을 지도하고 있습니다.

여러 명을 모아 두고 강의를 시작한 것은 불과 9년 전이지만 처음 강의를 시작하게 된 시점은 2001년입니다. 그때는 형님이 대치동에서 수학 과외를 하던 때인데, 당시에 형님이 가르치던 아이가 제가 살던 미국으로 유학을 오게 되면 한국에서 배우던 수학을 이어 가르치는 방식으로 티칭을 했습니다.

형님과 형수님 덕분에 학원업이 자연스럽게 다가온 듯하고, 셋이 함께 뭉쳐서 영·수 과목을 하다 보니 어느새 빠져나올 수 없는 평생 직업이 되었네요.

교육 철학과 학원 운영 철학을 알려 주세요.

저의 교육 철학은 간단합니다.

'내가 알고 있는 지식을 가장 쉽게 설명해 주자.'

그리고 운영 철학이라고 하기에는 거창하지만, 아이들이 책을 많이 읽도록 하고 있습니다. 학부모님들께도 가장 강조하는 부분입니다.

학원 소개를 간략히 해 주세요.

초중고 영·수를 중심으로 강의 경력이 30년이 다 되어 가는 두 분(형,

형수님)과 함께 운영 중인 학원입니다.

그동안 특별한 교육적, 운영적 성과가 있었다면 알려 주세요.
8년 전, 초등학교 4학년 아이들 12명을 데리고 5개월 동안 TOSEL High Junior 시험 준비를 한 적이 있는데요, 준비 기간이 짧았음에도 아이들이 매우 우수한 성적을 받은 사실이 아직도 마음 한편에 남아 있네요. 첫 인증 시험이어서 더 기억에 남는 듯합니다.

학원 운영에서 가장 중점을 두는 부분은 무엇인가요?
학부형과 나와의 신뢰, 믿음과 미래 지향적인 방향 제시라고 생각합니다. 우리 학원장들은 학부형의 갑질에 휘둘릴 수 있는 포지션이긴 합니다. 하지만 어떻게 그 학부형들을 리드하느냐에 따라 우리가 갑이 될 수 있으니 이러한 부분은 좀 연구해 볼 만하다고 생각합니다.

수강 대상은 어떻게 되나요?
초등 3학년에서 고등 3학년까지 가르치고 있습니다.

원장님 학원만의 차별화 요소가 있다면 알려 주세요.
학생들에게 스스로 생각할 시간을 많이 주는 편입니다. 어떤 문제를 풀 때 "이게 왜 이렇게 됐을까?" 하고 되짚어 볼 수 있는 시간을 줍니다.

학원 운영에서 어려운 점은 무엇인가요?
없습니다.

자랑하고(알리고) 싶은 것이 있으면 말씀해 주세요.

누군가를 가르칠 수 있는 것은 남들보다 뛰어나서가 아니라 더 일찍 배웠기 때문이라고 생각합니다. 그래서 강의할 때도 아직 안 배운 아이들에게 제가 먼저 배운 것을 알려 준다는 마음으로 가르치려고 노력하고 있습니다.

평균적인 학원 출근 시간과 퇴근 시간이 어떻게 되나요?

오전 10시에 출근해서 오후 2시까지 준비하고, 오후 2시부터 밤 10시까지 수업하고 퇴근합니다.

기타 말씀하고 싶은 것을 알려 주세요.

요새 고등 아이들 문제를 보면 시험 문제 트렌드도 많이 바뀌고 있다는 것이 느껴집니다. 20년, 30년 동안 그렇게 가르쳤다고 해서 현재 아이들을 똑같이 가르칠 필요는 없으니 요즘 트렌드에 맞는 영어 학습법을 연구해 보시는 건 어떨까요?

또한 학습 트렌드는 학부형의 연령에 따라서도 많이 변화한다는 것을 잊지 않으셨으면 좋겠습니다.

울산 남목
톡소리 영어학원
정 수 경 원장님

성수경 원장님은 타고난 강사, 타고난 학원장이라고 저는 평가합니다. 상대적으로 짧은 학원 운영 경험에도 불구하고 베테랑처럼 능숙하게 학원을 운영하십니다. 수강생 심리 파악, 강의 장악력, 흔들림 없고 일관성 있는 학원 운영 등 타고난 것이라고 밖에는 달리 설명할 수 없을 것 같습니다. 공대 출신이고, 학원에서 수학을 강의하다 느닷없이 영어 선생님이 되셨으니 독특한 이력의 영어학원장이라고도 말씀드릴 수 있습니다.

공대 출신은 확실히 한 분야를 집중적으로 파고드는 성향이 있는 듯합니다. 톡소리 원장님은 '영어 게임'이라는 분야를 전문적으로 연구해 그 분야에서 독보적인 위치에 올랐습니다. 시중에서 구하기 쉬운 간단한 도구로 활용도를 극대화한 것이 톡소리 영어 게임만의 특징이며, 학생들이 단순히 즐기기만 하는 게임이 아니라 모두 영어 학습에 도움이 되는, 아이들이 열광하면서도 학습 효과가 큰 게임이라는 것이 큰 강점입니다.

말하기 듣기 전문! 아이들이 열광하는 학원! 바로 톡소리 영어학원입니다.

원장님 소개를 간단히 부탁드립니다.

대학교 3학년 휴학 중 아르바이트로 학원에서 근무하게 되었습니다. 수학 강의를 6년간 하였으며, 본격적인 영어 강의는 2012년부터 시작하여 올해 10년차가 됩니다.

학생 신분으로 일자리를 찾다 보니 단순노동직보다는 급여가 많은 학원 일을 시작하게 된 것인데, 막상 일을 해 보니 아이들을 가르치는 일이 적성에 맞는다는 생각이 들어 다른 직장은 다녀 볼 생각도 못하고 쭉 아이들을 가르치게 되었습니다.

교육 철학과 학원 운영 철학을 알려 주세요.

Have Fun With English!

영어의 반복 학습을 지루함이 아닌 재미로 느낄 수 있게 만드는 것이 톡소리 영어학원의 교육 철학입니다.

학원 소개를 간략히 해 주세요.

톡소리 영어학원은 말하기(talk)와 듣기(소리)가 원활하도록 언어로서의 영어를 훈련하는 곳입니다. 영어 원서 수업과 애니메이션 수업이 주 커리큘럼이며 원서 수업의 경우 읽기, 말하기, 쓰기가 함께 성장하는 시스템을 가지고 있습니다. 애니메이션 수업은 듣기 강화 프로그램입니다.

그동안 특별한 교육적, 운영적 성과가 있었다면 알려 주세요.

GBL(Game Based Learning)을 활용한 재미있는 수업 방식이 인기를 거두며 전국의 원장님들을 대상으로 GBL 강의를 진행하고 있습니다. 나아가 문법 규칙을 게임으로 연습할 수 있는 '톡소리 일체형 카드'를 제작하여 기존의 문법 수업의 틀을 깨고 '문법이 재미있다'라는 인식을 가질 수 있도록 노력하고 있습니다.

원서 수업을 진행하는 방식도 차별성이 돋보이며, '톡소리 원서 시스템'이라는 타이틀로 전국의 원장님들과 이 커리큘럼을 공유하고 있습니다.

학원 운영에서 가장 중점을 두는 부분은 무엇인가요?

학원 시스템을 탄탄히 구축하여 학생 주도적 학습과 훈련이 가능하게 하는 것입니다. 시스템이 탄탄하면 강사 의존도를 낮출 수 있고, 학생들 역시 학원에 와서 어떤 훈련을 먼저 할지 스스로 생각하게 됩니다.

수강 대상은 어떻게 되나요?

초등학생이 대부분이며, 중등의 경우 내신 대비가 따로 필요 없는 실력이 탄탄한 학생들을 대상으로 원서 수업과 독해 수업을 진행하고 있습니다.

원장님 학원만의 차별화 요소가 있다면 알려 주세요.

가정에서 해야 할 숙제가 없습니다. 또한, 학생 주도적 학습이 가능하도록 훈련하다 보니 등원 시간이 자유롭습니다. 수업 시간보다 1시간 정도 일찍 오는 아이들도 있습니다. 어떤 부분이 부족해서 왔는지 아이 스스로 인지하고 있기 때문에 그 부분을 칭찬하면서 최대한 보상을 많이 하려 노력하고 있습니다. (두 달에 한 번씩 평가서와 문화 상품권, 석 달에 한 번씩 마켓 데이, 방학 특강, 장학금 등)

학원 운영에서 어려운 점은 무엇인가요?
특별히 어려운 점은 없습니다. 학원을 시작하기 전부터 운영 철학을 확고하게 세워 놓고 시작한 경우라 학원이 밀집되어 있는 지역에 개원하면서도 흔들리지 않을 자신이 있었습니다.
또한 톡소리 영어학원 개원부터 지금까지 함께하시는 강사님이 앞으로도 저와 함께 톡소리를 이끌어 나가실 거라는 강한 믿음이 있어 큰 어려움은 없습니다.
그리고 영어학원 원장들의 모임인 '강한 영어학원 만들기' 온라인 카페에서 자문을 구하거나 다른 원장들의 글을 읽으며 힘을 얻곤 합니다.

자랑하고(알리고) 싶은 것이 있으면 말씀해 주세요.
영어 원서 수업을 진행하며 읽기 실력만큼 말하기와 쓰기 실력을 함께 성장시키는 커리큘럼 덕에 대부분의 아이들이 '언어로서의 영어'를 잘한다는 소문이 퍼지면서 개원 3년 차에 학생 수 100명을 돌파하였습니다.
주목할 만한 점은 학원 운영 시간이 오후 2시부터 7시까지로 5시간밖에 되지 않으며 주말 수업이 없다는 부분입니다. 덕분에 저녁과 주말이 있는 삶을 지켜 나가고 있습니다.

체계적인 시스템 덕에 100명의 인원을 관리하는데 원장과 보조 강사 2인으로 충분하며, 자체 커리큘럼 운영으로 만족할 만한 순수익을 내고 있습니다.

평균적인 학원 출근 시간과 퇴근 시간이 어떻게 되나요?
늦어도 오전 10시까지는 출근하며 퇴근 시간은 저녁 7시 10분입니다.

청주 오창
제니퍼 영어닷컴
제니퍼 원장님

    제니퍼 원장님은 연령에 비해 무척 다양한 학원 관련 경험을 쌓으셨습니다. 그 다양한 경험이 현재의 제니퍼 영어닷컴 영어학원을 이룰 수 있는 중요한 밑거름이었을 것입니다.

    제니퍼 원장님은 영어 강의를 해 보지 않은 기관이 없을 정도입니다. 유치원, 입시 학원, 학습지, 방과 후 학교, 어학원 등 다양한 곳에서 강의하셨습니다. 그렇게 경험이 쌓이면서 자신만의 확고한 영어 교육 철학을 세운 것입니다.

    "말문이 터지는 영어!"

    학생들의 스피킹 강화에 중점을 두고 학원의 모든 커리큘럼을 세팅하여 현재에 이르고 있습니다.

    처음 오너로서의 시작은 공부방이었습니다. 개원 후 곧 보습 학원으로 확장했고, 불과 몇 개월 후에는 어학원으로 또다시 확장하여 지역의 대표 학원으로 성장하였고, 올 8월에는 2관으로 영어 유치원도 개원하였습니다. 보통의 능력과 추진력으로는 이렇게 빨리 성장할 수 없을 것입니다.

제니퍼 원장님은 학생들의 스피킹 능력 향상을 위해 방학 중에는 필리핀 등 외국에서 캠프를 운영하며, 필리핀 현지인과 직접 컨택하여 화상 영어도 운영하고 있습니다. 불도저 같은 추진력과 열정이 느껴지지 않으시나요?

―――――

원장님 소개를 간단히 부탁드립니다.

회사를 다니며 고민해 보았습니다. 나중에 아이를 낳게 되면, 아이를 키우면서 계속 일할 수 있는 직업이 뭘까? 그러다 영어 교육이 떠올랐습니다. 영어 공부를 열심히 하지는 않았지만 호주에 어학연수 다녀온 경험도 있고, 영어를 가르치다 보면 나 자신과 아이에게 모두 도움이 될 기라는 생각에 영어 교육 시장에 뛰어들게 되었습니다.

또한 제가 호주에서 영어를 배울 때의 경험을 되짚어 보며, 학생의 입장에서 생각하고 아이들을 가르치기로 마음먹었습니다.

2007년부터 유치원 파견 영어, 학습지, 방과 후 학교, 어학원, 입시 학원, 영어 유치원 등 다양한 곳에서 수업하였고, 3~4년 동안은 두 가지 일을 동시에 진행한 덕분에 일했던 기간에 비해 다양한 경험을 갖게 되었습니다.

교육 철학과 학원 운영 철학을 알려 주세요.

영어를 배우는 것은 언어를 통해 새롭고 즐거운, 커다란 문화를 통째로 받아들이는 것입니다. 단지 시험에 출제되는 문제를 해결하기 위해서가 아니라, 무엇인가 하고 싶은 일을 할 때 언어가 장벽이 되지 않을 만큼의 기본 소양은 갖추고 있어야 한다는 것이 기본적인 저의 생각입니다.

거창하게 세계화 시대를 운운하지 않더라도, 이제는 해외 기업에 취업하거나 혹은 하다못해 해외여행을 다니는 일도 너무나 쉬워졌습니다. 이런 환경에서 외국어로 자신을 표현할 줄 안다는 것은 가능한 기회의 폭이 그만큼 넓어지는 일이라고 생각합니다. 그래서 제 아이가, 또 제가 가르치는 아이들이 언어라는 장벽에 부딪혀 새로운 기회를 포기하는 일이 없도록 돕고 싶습니다.

또 아이들이 다른 언어를 통해 더 큰 세상을 더욱 다양하게, 더욱 신나게 호기심 가득한 눈으로 접하게 될 때, 언어 때문에 그 설렘이 반감되지 않기를 바랍니다.

학원 소개를 간략히 해 주세요.

"말할 수 있어야 진짜 영어다!" 라는 슬로건을 가지고 있는 어학원입니다. 그렇다고 진짜 저희 아이들이 엄청나게 프리 토킹을 잘하는 것은 아닙니다. 다만, 말하는 것을 두려워하지 않고, 자신감 있게 생각을 표현하는 길을 열어 주는 것이 목표입니다. 물론 실력도 있어야겠지만요.

집에서 작은 공부방부터 시작해서 이제는 어엿한 어학원으로 자리 잡고 있습니다. 올 8월에는 2호점인 영어 유치원을 개원했습니다.

그동안 특별한 교육적, 운영적 성과가 있었다면 알려 주세요.

한 지역에서 운영한 지 7~8년째 되다 보니, 초등학생이었던 친구들이 어느새 고등부로 성장하게 되었습니다. 지역 학군 특성상 초등이 80% 이상을 차지하는 시장인지라, 초등에서는 지역 내 입소문 난 어학원으로 자리 잡았고, 중등의 비율도 전체 30% 정도로 꾸준히 성장 중입니다.

코로나 상황에도 불구하고 화상 수업을 병행하며 꾸준히 학생 수를 유지하고 있으며, 열 분 이상의 선생님과 함께 하는 중형 학원으로 지속적인 성장을 기록하고 있습니다.

학원 운영에서 가장 중점을 두는 부분은 무엇인가요?

아무래도 학원은 결과가 눈으로 보여야 하기 때문에 아웃풋에 조금 더 신경을 쓰는 편입니다. 아무리 관리를 잘해도 학부모님들께 전달되지 않으면 알 수 없는 부분들이 많기 때문에 아이들이 즐겁게 영어를 접하고 있음을 보여드리기 위해 노력합니다. 학원 밴드, 학원 블로그 등을 통해 수시로 학부모님들께 보여드리고 있답니다.

수강 대상은 어떻게 되나요?

초중고 모두 대상이지만, 초등과 중등, 그리고 유치부가 메인입니다.

원장님 학원만의 차별화 요소가 있다면 알려 주세요.

강사나 시간대에 관계없이 동일한 교육 서비스를 유지하는 시스템 관리가 강점이라고 하겠습니다. 지금까지 강사가 바뀌어 학원을 그만둔 친구는 한 명도 없었습니다.

학원 운영에서 어려운 점은 무엇인가요?

강사 관리가 제일 어렵습니다. 강사 수급이 원활한 지역은 아니라서 강사를 구하는 일이 제일 힘들 뿐만 아니라, 마음이 맞고 뜻이 맞는 선생님들과 오래 함께 일하는 것이 쉽지만은 않습니다.

자랑하고(알리고) 싶은 것이 있으면 말씀해 주세요.

이번 학기 벌써 신규 대기하고 있는 반이 세 개나 있어, 학원 규모 상으로는 최대치에 도달하게 되었습니다.

평균적인 학원 출근 시간과 퇴근 시간이 어떻게 되나요?

학원 운영 시간은 오후 2시~8시입니다. 저는 보통 1~2시쯤 출근해서 9~10시쯤 퇴근하고 있어요. 저녁 시간은 업무보다는 자유 시간으로 활용 중입니다.

평촌
훈선생 영어학원
전성훈 원장님

평촌에서 훈선생 영어학원을 운영 중이신 전성훈 원장님은 '입시 전문가'입니다. 전성훈 원장님이 대학 시절부터 활약한 모습을 보면, 몇 년 전 한국에서 크게 인기 있었던 입시 관련 드라마인 '스카이 캐슬'이 떠오릅니다. 더불어 많은 영어 교재 제작에 직간접적인 도움을 주시고 편집을 담당한 실력자 영어 강사이기도 합니다.

전성훈 원장님의 가장 큰 장점은 탁월한 동기 부여 능력과 '입시 로드 맵'을 짜 줄 수 있는 전문성이라고 생각합니다. 거기에 진솔한 성품까지 갖추신 분이죠. 학생을 진정으로 위하는 선한 마음과 숱한 현장 경험 및 지식으로 무장한 입시 전문가이자 영어 선생님, 바로 전성훈 원장님입니다.

원장님 소개를 간단히 부탁드립니다.

원래 가르치는 것을 좋아했으며 장래 희망도 교수였습니다. 아버님의 반대로 그 꿈은 포기해야 했지만 결국 지금 아이들을 가르치고 있습니다.

처음 가르치기 시작한 것은 고등학교 때 친구들과 그 동생들부터였습니다. 다만, 그 당시에는 과외 및 재학생 학원 수강이 불법이었습니다. 그래서 동생 친구들과 그 동생들을 독서실에서 무료로 지도했습니다. 지금 생각해 보면 그때가 가장 행복했던 것 같습니다. 아무튼 단 한 명을 가르치는 과외도 강의식 칠판 수업을 고집해서 강의는 꾸준히 했다고 할 수 있습니다.

집안에서 학생들을 가르치는 것을 반대했기에 결혼 전까지는 드러나지 않게 학생들을 가르쳤습니다. 그러다 결혼하면서 학원을 운영하기 시작했고, 지금의 학원이 바로 그 학원입니다.

교육 철학과 학원 운영 철학을 알려 주세요.

교육 철학은 '엘리트 교육'입니다. 성실함을 바탕으로 하는 엘리트를 양성하는 것이 기본 교육 철학입니다. 성적이 나쁜 것은 용서가 되어도 성실하지 않은 것은 안 된다고 가르칩니다. 그리고 가르치는 것보다 몸소 실천하는 것을 보여주고 따르게 합니다.

학원 운영 철학은 다음과 같습니다.

1) 내 자식을 맡겨도 좋을 학원을 만들자 : 오히려 그래서 더 엄격할 수도 있습니다.

2) 아이를 차별해서 받지 않는다 : 갈 곳 없는 아이들도 꽤 거쳐 간 것 같습니다. 일단, 학원 내에서의 규칙을 잘 지키면 퇴원은 없습니다.

학원 소개를 간략히 해 주세요.

안양 평촌 학원가 뒤편에 위치한 소형 학원입니다. 직접 손이 다 갈 수 있는 규모로 한자리에서 16년을 운영하고 있습니다. 고등부터 시작해 중등, 이제는 초등까지 대상이 내려왔습니다.

어학원과 보습 학원, 그리고 입시 학원의 장점을 살려서 지도하고 있으며, 아이들의 실력과 목표에 따라 수업이 차별화되어 있습니다.

또한, 한번 들어오면 대학 진학까지 책임지는 Total Care가 가능한 학원입니다. 진로, 적성, 고등 입시, 대학 입시, 과목별 학습법, 공부법 등 입시와 공부에 관한 모든 것에 대한 상담이 가능합니다.

사실, 각 과목별 학원 선생님, 학교 선생님, 그리고 학부모 모두가 학습법이나 입시에 대한 의견이 달라서 아이들이 갈피를 못 잡을 때가 많습니다. 이럴 때 중심을 잡아 줄 수 있는 학원입니다. 영재고, 과학고 및 예체능도 상담이 가능합니다.

뿐만 아니라 국내 유명 출판사의 영어 교재 기획 자문을 오랫동안 해 와서 영어 교육 및 입시에 최적화되어 있는 영어 전문 학원이기도 합니다.

그동안 특별한 교육적, 운영적 성과가 있었다면 알려 주세요.

동기 부여 및 교육 심리 상담 등의 교육을 수료하고 자격을 획득하였고, 2008년부터 대표 영어 출판사의 자문 위원 및 검토 위원으로 위촉

되어 여러 베스트셀러 교재 제작에 자문을 해왔습니다. 현재 서점에서 판매되는 영어 대표 교재들에 기획이나 검토 위원으로 이름이 실려 있기도 합니다.

또한, 7개 주요 입시 전문 기관의 교육을 받고 대표 컨설턴트 자격을 획득하여 일부 입시 기관에서 대표 컨설턴트 및 수석 연구원으로 활동해 왔습니다. 입시 전문 기관인 유웨이중앙교육에서는 서초 본사 입시 컨설턴트로 활동하면서 학교 및 기업 제휴 컨설팅을 하고 있습니다. 올해에는 지방 소재 4년제 대학교 입학 자문 위원으로 위촉되어 활동을 시작했습니다.

이런 노력과 활동에 힘입어 개원 후 꾸준히 명문대 합격, 영재고/과학고/특목고 합격, 진학 상담을 통한 고3 전원 대학 합격 등의 좋은 결과를 내고 있습니다.

작년 12월에는 5년간의 준비 기간을 거쳐 초등부도 정식 오픈을 하면서 입시에 맞춘 전체 라인이 만들어져 가고 있습니다.

학원 운영에서 가장 중점을 두는 부분은 무엇인가요?
학생입니다. 학생의 성향에 따라 강약을 달리해서 맞춤식 지도를 하고 있습니다. 하지만 커리큘럼과 교육 부분은 타협하지 않습니다. 교육에 있어서는 우리가 전문가이기 때문입니다.

수강 대상은 어떻게 되나요?
초등, 중등, 고등 모두 가르칩니다.

학원 운영에서 어려운 점은 무엇인가요?

강사 수급이 어렵습니다. 특히, 소형 학원의 경우에는 마인드 좋고 실력 있는 강사를 구하기가 힘듭니다. 학원 규모가 어느 정도 갖추어지면 그나마 조금 괜찮을 것 같기는 합니다.

자랑하고(알리고) 싶은 것이 있으면 말씀해 주세요.

동기 부여 잘 하는 학원, 영어 내신 잘 나오는 학원, 수능 성적 잘 나오는 학원, 대학 잘 보내는 학원으로 자리매김하고 있습니다. 초중등 아이들에게 성장에 따른 학습 방향을 제시하는 것은 물론, 고등부 입시에 이르기까지 전문적인 상담이 가능하니 학부모님들이 전적으로 믿고 아이들을 맡겨 주시며 주변에 소개도 해주십니다.

재원생들은 심리, 진로/진학, 학습, 입시 및 최종 원서 지원까지 원에서 상담을 받을 수 있습니다. 특히, 많은 실전 경험을 바탕으로 한 동기 부여 및 자기 주도 학습 수업 및 상담은 다른 어떤 유료 상담과도 차별화됩니다.

올해는 대학 입학 자문 위원으로 위촉되면서 최고의 교육 및 입시 전문가들과 함께하게 되어 보다 정확하고 빠른 정보를 학부모와 학생들에게 전할 수 있게 되었습니다.

평균적인 학원 출근 시간과 퇴근 시간이 어떻게 되나요?

평일에는 오후 2시 출근하여 밤 11시 30분까지 근무하고, 주말에는 오전 9시에 출근하여 밤 11시 30분까지 근무합니다.

기타 말씀하고 싶은 것을 알려 주세요.

엘리트 의식이 생기면 성실하게 되고, 성실하면 성적은 당연히 잘 나오기 마련입니다. 그러니 학생들에게 단어 하나 더 가르치는 것보다 성실의 자세를 가르치는 것이 더욱 중요한 것 같습니다.

그리고 돈은 누구의 돈이든 귀한 것이고, 아이는 누구의 자녀이든 귀한 아이입니다. 그래서 차별 없이 동등한 기회를 주고, 귀하게 대하며 정성껏 가르치고자 합니다.

결론은 모두 '학생'입니다. 저는 결국 학원 경영이 아니라 '학생 경영'을 하고 있다는 생각을 해 봅니다.

그동안 좋은 인연과 도움으로 힘들었을 때도 잘 운영해 왔습니다. 물론 함께하는 선생님들의 도움이 있었기에 가능했던 일입니다. 함께해 주시는 모든 분들에게 다시 한번 감사드립니다.

부천 상동
최강 영어학원
백성민 원장님

백성민 원장님의 고교 시절 영어 선생님께서 인천 계양에서 부천 상동까지 직접 라이드하여 자신의 두 딸을 원장님 학원에 보냈다니, 원장님이 어떤 분인지 더 설명할 필요가 없을 것 같습니다.

'과연 이 분에게도 적이 있을까?' 라는 생각이 들게 하는 온화한 성품의 백성민 원장님. 그러나 상황에 따라 뚜렷한 교육 철학과 학원 운영 철학으로 단호한 대응 및 의사 결정을 내리시기도 하니 깊은 내공을 짐작할 수 있습니다.

강의 능력 외에도 탁월한 기타 솜씨와 운동 실력, 사람을 기분 좋게 하는 훈남형 외모까지 갖추셨으니 다 갖추신 분이라고 감히 말씀드릴 수 있겠습니다.

원장님 소개를 간단히 부탁드립니다.

학원에서 강의한 지 이제 20년 정도 되었습니다. 대학 때부터 꾸준히 과외를 하다가 제대 후 대학교 3학년 겨울부터 학원에서 파트타임으로 강의를 시작한 게 계기가 되어 4학년 때부터 전임으로 고등부 수업을 하게 되었습니다.

처음 파트타임을 시작한 것은 재수 종합반 수업이었고, 나름 인정을 받아서 그 당시에는 큰 돈(저에게는)을 제안받고 본격적으로 학원 일을 시작하게 되었습니다. 부모님께서는 대학 졸업 후 기업체에 취직하기를 원하셨지만, 저는 제가 하는 만큼 인정을 받을 수 있는 일이 맘에 들었던 것 같습니다.

교육 철학과 학원 운영 철학을 알려 주세요.

15년 정도를 강의식 수업을 하다가 지금은 1:1 개별 커리큘럼을 진행하는 중인데, 앞으로는 학생 개인에 대한 맞춤식 교육이 더욱 중요해질 것 같습니다. 이에 따라 학생 개인에 맞추는 교육, 그리고 학원도 충분한 이익을 창출해 낼 수 있는 운영이 필요하다고 생각합니다.

1:1 개별 커리큘럼을 바탕으로 끊임없는 테스트와 피드백을 통해서 기본기를 완성하고, 내신과 수능 점수의 실질적 향상을 추구합니다.

학원 소개를 간략히 해 주세요.

최강 영어학원은 부천 상동 세이브존 근처(학원 밀집 지역)에 위치하고 있습니다. 이 학원을 개원한 지는 10년이 조금 넘었고, 처음에는 반별 강의식 수업으로 진행하다가 한 반에 많은 인원을 넣을 수 없는 상황 때문에 소수 정예 영어 전문 학원을 거쳐서 현재는 1:1 개별 커리큘럼 학원으로 변화시켰습니다. 현재 부원장님과 아르바이트 선생님 두 분과 함께 운영하고 있습니다.

그동안 특별한 교육적, 운영적 성과가 있었다면 알려 주세요.
원장 직강 형태의 학원을 운영하다 보니 가르칠 수 있는 학생 인원에 제한이 있어서 거의 10년 동안은 고등학교 학생들 위주의 수업을 진행했습니다. 잘하는 학생들 위주로 가르치다 보니 서울 소재 상위권 대학에도 많이 진학시켰습니다. 현재는 시스템을 바꾸고 중등과 고등의 비율이 5:5 정도 되는 상태입니다.
그리고 코로나로 힘든 시기에도 비대면 수업을 성공적으로 정착시켜서 대면과 비대면 수업의 차이가 크지 않은 시스템을 구축하고 있습니다.(코로나 시기에 학원 인원이 20% 정도 늘었습니다) 앞으로도 보강이나 신입생 교육 등에 비대면 수업을 활용한다면 공간상의 제약(한 반당 인원수)도 어느 정도 극복할 수 있을 거라 기대하고 있습니다.

학원 운영에서 가장 중점을 두는 부분은 무엇인가요?
학생들 개개인의 약점을 파악하고 그에 맞는 커리큘럼을 제공하며 실질적으로 성적을 향상시키는 것입니다. 그리고 학원이 충분한 순이익을 낼 수 있는 구조를 만들어야 합니다.

수강 대상은 어떻게 되나요?

초등학교 5학년(중등 과정)부터 고등학교 3학년까지 수업하고 있습니다.

원장님 학원만의 차별화 요소가 있다면 알려 주세요.

저희 학원은 시험 대비 시 학교의 개수가 50개가 넘습니다. 학교별 대비가 쉽지 않은 상황인 것입니다. 그러나 오랫동안 준비하고 연구하여 무학년제 1:1 커리큘럼을 갖추었기 때문에 일반고와 예고뿐만 아니라 자사고, 외고, 과고 등 어떤 학교도 충분히 그 학교 특성에 맞게 지도할 수 있습니다.

학원 운영에서 어려운 점은 무엇인가요?

어려운 점은 아직은 없고요, 목표가 있다면 저와 같은 원장을 몇 명 더 만드는 것입니다.(현재 함께하고 있는 부원장님도 아주 잘해 주고 계십니다.) 그러기 위해서는 '시스템'이 필요하겠지요. 시스템을 만들어 가는 건 어렵지만 설레는 과정입니다.

자랑하고(알리고) 싶은 것이 있으면 말씀해 주세요.

제가 중3부터 가르쳤던 제자가 중학교 영어 선생님이 되었는데, 그 제자가 담임을 맡고 있는 학생이 정말 우연히 우리 학원생이 되었습니다. 아직까지 잘 지도하고 있지요.

또한 제가 고1 때 담임이셨던 영어 선생님의 두 딸을 지도한 것도 기억에 남습니다. 제가 영어라는 과목을 좋아하게 해 주셨던 은사님이신데, 집에서 학원까지의 거리가 상당했음에도 불구하고 직접 픽업까지 해 주시며 학원을 보내셨습니다.

평균적인 학원 출근 시간과 퇴근 시간이 어떻게 되나요?

평일에는 오후 1시에 출근하여 밤 10시 30분 정도에 퇴근을 합니다. 주말의 경우, 토요일은 불규칙하게 출근하는 편이고, 일요일은 1시부터 7시 정도까지 일합니다. 해야 할 일이 생기면 새벽부터 출근해서 일하기도 합니다.

기타 말씀하고 싶은 것을 알려 주세요.

저는 관심 분야가 많습니다. 통기타 동호회 활동도 하고 있고 테니스 등 운동도 좋아합니다. 사람들과 소통하는 것도 좋아하고요. 그리고 무엇보다 일이 즐겁습니다. 그래서 앞으로 지속되어야 할 변화가 그렇게 두렵지만은 않습니다. <강한 영어학원 만들기> 카페 회원들과 함께 끊임없이 성장해 나갔으면 좋겠습니다.

대구 칠곡
Jasmin English 공부방
Jasmin 원장님

- 중·고등학교 교사
- 한국 외대 Tesol 석사
- 자기 주도 학습 코치 상담사 2급
- 아동 요리 지도자 2급
- NIE 지도자 2급
- 보드 게임 지도사 2급
- certificate for Early Literacy Specility(JY Books)
- 하브루타 지도사 1급
- 색채 심리 상담사 1급
- 진로 적성 상담사 1급

이 모든 것이 대구 칠곡 Jasmin English 공부방을 운영 중이신 Jasmin 원장님의 프로필입니다. Jasmin 원장님은 대학 합격 직후 과외부터 시작해서 중·고등학교 교사, 공부방 운영 등 경력이 20년이 넘는 강의 베테랑

임에도 수업 연구를 결코 게을리 하지 않으십니다. 교육에 관련된 것이라면 무엇이든 연구하시죠. 동영상 편집 등 IT 활용 능력도 매우 뛰어나신데 이것 역시 학생들의 실력 향상을 위한 효과적인 티칭과 관리를 위해 연구한 결과일 것입니다.

Jasmin 원장님은 처음에는 프랜차이즈로 영어 공부방을 운영하려 했으나 곧 개인 브랜드로 방향을 전환했습니다. 개인 브랜드로 영어 공부방을 운영하기 위해서는 자체 커리큘럼이 필요합니다. 커리큘럼은 공부방의 핵심 요소이며, 자체 커리큘럼 확보는 절대로 쉽지 않은 과정을 거쳐야 합니다. 그 어려운 과정을 위해 원장님은 학원 관련 각종 세미나에 참석하셨습니다. 멀리 대구에서 강남, 부산을 정말 부지런히 다니며 연구하여 자신만의 강력한 커리큘럼을 완성했죠.

가장 인상적인 것은 일반적인 공부방과는 다른 공부방 학습 문화를 만들었다는 점입니다. 스티커 등 일반적인 동기 부여 시스템이 아닌, 아이들 스스로 성취감을 느껴 공부하게 하는 수준 높은 문화를 만들어냈습니다.

———————

원장님 소개를 간단히 부탁드립니다.

대학 합격 발표 직후인 2월, 엄마가 중2 남학생 영·수 과외팀을 짜 오셨는데 그 이후 소개가 이어져서 과외를 계속 하게 되었습니다. 그리고 대학교 4학년 2학기 종강하던 날, 알바를 하려고 벼룩시장을 보고 한 학원에 연락했는데 시강하고는 바로 다음 날부터 중등 전담으로 학원에 발을 들였어요.

대학 재학 중에는 (제가 원하지 않았지만) 안정적인 직업이라는 이유로 부모님이 교직 이수를 강요하셨는데, 교생 실습 때 이 일이 제 적성에 잘 맞는다는 것을 알았습니다.

이후 학원 강사로 근무하던 중, 실습했던 학교에서 고3 강사를 맡아달라는 요청을 받게 되었고, 계속 기간제로 여러 학교에서 근무하게 되었습니다.

학원 강사, 기간제 교사, 노부영 강사, 토익 강사, 기업체 영어 강사 등 다양한 분야에서의 경력과 공부방 경력을 모두 합치면 강의 경력은 25년이 넘었네요.

교육 철학과 학원 운영 철학을 알려 주세요.

"뻔하지 않은 Fun한 영어"

"재미있게 배운 영어, 입시 영어로 안착"

학습뿐 아니라 심리까지도 케어하는 선생이고자 합니다.

공부방 소개를 간략히 부탁드립니다.

가족이 생활하는 제 소유의 30평대 아파트에서 운영 중인 공부방입니다. 원서 낭독과 소리 영어를 자기 주도로 진행하고, 시중 교재를 이용한 그룹 수업도 겸하고 있습니다.

제가 가진 노하우에 강영만(강한 영어학원 만들기 카페) 프로그램들(컴투맨 프로, 컴투맨 무비, 에메트 그래머, 퍼니퍼니, 톡소리 게임 등)이 잘 어우러진 커리큘럼으로 구성되어 있습니다.

그동안 특별한 교육적, 운영적 성과가 있었다면 알려 주세요.

오픈 시 14명으로 시작한 수업이 3년 차에 30명이 되었고, 올해는 월

천만 원에 이르는 매출을 달성하게 되었습니다.

공부방 운영에서 가장 중점을 두는 부분은 무엇인가요?
학부모들이 가지고 있는 공부방에 대한 잘못된 선입견을 깨려고 노력하고 있습니다. 수업 구성이나 관리는 물론이고, 운영까지도 여느 학원 못지않게 꼼꼼하고 체계적으로 하려고 합니다.

수강 대상은 어떻게 되나요?
초등 1학년 ~ 중등 3학년입니다.

원장님 공부방만의 차별화 요소가 있다면 알려 주세요.
원서 수업과 소리 영어, 게임 등을 하다 보니 주변에는 소위 '빡세지 않은 곳'이라고 알려져 있었는데, 실제 수업을 들여다보면 그렇지 않거든요. 학습량과 과제량이 적지 않은데, 다양한 툴을 이용하다 보니 학생들이 느끼는 체감 학습량은 그렇게 많지 않은 것 같습니다. 그래서 '공부할 때는 힘들이지 않고 하는데, 축적되는 양이 많은 곳'으로 인식이 바뀌는 중입니다.

공부방 운영에서 어려운 점은 무엇인가요?
혼자 운영하다 보니 모든 일을 제가 다 처리해야 하는데 그것이 쉽지 않습니다. 그래서 랩실 관리 등은 아이들 자율에 맡기고 있고, 세무는 전문가에게 맡기고 있습니다.

자랑하고(알리고) 싶은 것이 있으면 말씀해 주세요.

살림집에서 하는 공부방이다 보니 매출 대비 수익이 많이 나오는 편입니다. 그리고 3세부터 50대에 이르는 다양한 연령대를 수업해 보았고, 사교육과 공교육을 모두 경험해 보았기 때문에 학생들에게 가장 도움이 될 만한 것들을 제대로 잘 파악하고 있다고 생각합니다.

또 당연한 것일 수도 있지만, 끊임없이 연구합니다. 고등학생이 없어도 대입 관련 세미나나 교육 등은 빠지지 않고 참석하고, 진로 교육이나 심리 상담 역시 공부하고 있습니다.

평균적인 공부방 출근 시간과 퇴근 시간이 어떻게 되나요?

제 집에서 수업을 하다 보니 정해진 출퇴근 시간이 없습니다.

수업은 보통 오후 1시 반에 시작하여 저녁 7시 반쯤 마무리합니다.

기타 말씀하고 싶은 것을 알려 주세요.

교육 분야에서 영어만큼 유행에 민감한 과목은 없는 거 같아요. 나의 기본 교육 철학은 유지하되, 계속해서 연구하고 공부하지 않으면 안 되는 분야이다 보니 동료 학원장들과의 만남이 정말 많은 도움이 됩니다. '같이의 가치'를 느끼게 해 주신 많은 원장님들께 감사드립니다.

Chapter 6.

Q&A

1. 창업 Q&A

Q. 프랜차이즈 계약을 하려고 합니다. 피해야 할 본사가 있을까요?

A. 다음과 같은 경우는 피하는 것이 좋습니다.

1. 신생 회사

신생 회사는 제시하는 비전은 화려하나 언제 사라질지 모릅니다. 업력業歷이 적어도 3년 이상 된 본사를 선택하시는 것을 추천합니다.

2. 재정 상태

본사의 재정 상태는 정보 공개서에 나와 있는 재무제표를 보면 정확하게 알 수 있습니다. 수년간 지속적으로 손실이 발생한 본사라면 피해야 합니다.

3. 업계 평판

일부 본사는 가맹 계약 전에는 친절하게 상담하고 정성을 다하지만 일단 계약이 되고 나면 태도를 바꿉니다. 가맹 전 약속을 이런저런 이유를 대며 불이행하기도 합니다. 따라서 학원을 하는 많은 분들의 부정적인 평가가 있으면 계약을 피해야 합니다.

4. 학원 방문 요청 거부

같은 브랜드 중 성공한 학원이 있다면 이를 외부에 알려 최대한 홍보에 이용하려는 것이 본사의 전형적인 영업 전략입니다. 그런데 요청에도 불구하고 그럴듯한 이유를 대며 같은 브랜드 학원의 방문을 사실상 거절한다면 보여 줄 학원이 없다는 의미입니다.

5. 성공 사례가 없는 경우

시장에 진입한지 수년이 지났음에도 성공한 학원 사례가 전무한 본사는 그럴만한 이유가 있을 것입니다.

6. 교재가 지나치게 비싼 경우

프랜차이즈 교재는 일반 시중 교재에 비해 비쌉니다. 이는 가맹 학원에만 독점적으로 공급하다 보니 판매처가 적기 때문입니다. 판매처가 적으니 교재비는 비쌀 수밖에 없습니다. 그런 상황을 감안하더라도 학생 1인당 월 교재 구입액이 35,000원을 넘어서면 학원 운영에 상당한 부담을 느낄 수 있습니다.

7. 직원 근속 기간

직원들의 근속 기간이 짧으면 불안정한 회사라고 볼 수 있습니다. 본사 담당자 등의 근무 기간을 확인하여 근무 기간이 지나치게 짧다면 주의하세요.

8. 자체 교재가 없는 곳

교육 사업에서 프랜차이즈의 가장 큰 차별점은 저작권을 확보하고 있는 자체 교재가 있다는 것입니다. 교재를 시중에서 쉽게 구할 수 있다면 교육 프랜차이즈 사업이라고 할 수 없습니다.

간혹 자체 교재 없이 외부 교재를 이용하여 매뉴얼과 워크북만을 제작해서 프랜차이즈 사업을 하는 본사를 볼 수 있습니다. 그러나 자체 교재가 없으면 경쟁력이 떨어질 수밖에 없으며, 향후 저작권으로 인한 문제가 발생할 가능성이 있습니다.

Q. 부부가 함께 하려 합니다.
공부방을 창업해야 할까요, 학원을 창업해야 할까요?

A. 부부가 함께 사업을 하면 장점도 있지만 단점도 있습니다. 가장 큰 단점은 혹시라도 사업이 잘되지 않을 경우 가정이 큰 경제적인 어려움에 처할 수 있다는 점입니다. 그러므로 창업비가 거의 들지 않으면서도 잘만 운영하면 상당한 수익을 얻을 수 있는 공부방으로 시작하실 것을 권장합니다. 참고로 부부의 경우, 합법적으로 공부방을 공동 운영할 수 있습니다.

부부가 각각 한국인과 원어민인 경우에도 역시 공부방 창업을 추천합니다. 시작은 공부방으로 하시고, 잘되었을 시 외국어 학원으로의 확장을 고민하시는 것이 좋겠습니다.

Q. 마음에 드는 학원 자리가 있는데 같은 건물에 이미 영어학원이 있습니다. 창업해도 되나요?

A. 건물의 크기와 기존 학원의 타깃이 중요합니다. 대형 건물에는 같은 층에만 영어학원이 여러 개 있는 것이 현실입니다. 이런 경우

는 크게 문제될 것이 없습니다.

그러나 작은 건물인 경우에는 피하라고 말씀드리고 싶습니다. 스스로 마음도 편치 않고, 향후 기존 영어학원장과 심한 갈등이 발생할 수 있습니다. 기존 영어학원장의 지속적인 심한 공격으로 결국 1년 만에 학원을 매각하고 나온 사례도 있었습니다.

그러나 기존 학원이 초등부 중심의 학원이고 창업하려는 학원의 타깃이 중고등부라면 오히려 도움이 될 수도 있다고 봅니다.

Q. 원생 모집에는 기간이 얼마나 걸리나요?

A. 학원장의 능력과 지역 등에 따라 큰 차이가 있습니다. 신도시가 아닌 구도시의 경우에는 일반적으로 기간이 오래 걸립니다. 학생들이 이미 학원을 다니고 있기 때문입니다.

시험 결과에 따라 이동하는 중·고등학생 모집에는 상대적으로 시간이 덜 걸리나 한번 등록하면 오랫동안 학원을 다니는 초등학생들의 경우에는 학생 모집에 상당한 시간이 걸릴 수 있습니다.

공부방의 경우, 20명 이상의 학생이 모집되려면 최소 6개월 이상 걸린다고 생각하시는 것이 좋습니다.

Q. 학원 자리를 알아보고 있는데 엘리베이터 없는 3층에 상가가 위치하고 있습니다. 괜찮을까요?

A. 네, 3층까지는 엘리베이터가 없어도 문제없습니다. 각 층마다 재미있는 그림이나 문구를 부착해 놓으면 아이들이 계단을 걸어 올라오며 지루해하지도 않습니다.

단, 임대료가 2층에 비해서 훨씬 저렴해야 합니다. 저렴하지 않다면 3층을 선택할 이유가 전혀 없습니다. 저학년 학생들은 계단을 뛰어다니다가 다치는 경우가 종종 있으므로 안전 문제는 더 신경 쓰셔야 합니다.

Q. 지역을 달리해서 교습소를 두 개 운영하고 싶습니다. 법적으로 가능한가요?

A. 간혹 요일을 나누어 관할 교육청이 다른 지역에서 교습소를 운영할 계획을 가진 분들을 볼 수 있습니다. 주로 거주 지역과 자신이 주로 활동하던 지역이 다른 경우로, 이런 경우에는 두 개 교습소 운영에 문제가 없습니다.

그러나 관할 교육청이 같으면 교습소를 두 군데 개설하는 것이 법적으로 불가합니다. 단, 법적인 부분은 관할 교육청마다 해석이 다를 수 있으니 반드시 관할 교육청에 확인해 보셔야 합니다.

Q. 상가 계약은 몇 년으로 하는 게 좋나요?

A. 상가 계약 기간은 보통 1~2년입니다. 그러나 상황에 따라서는 5년 정도의 장기 계약을 하기도 합니다. 계약 기간은 학원장 개인의 상황에 따라 다릅니다. 입지가 좋지 않고 인테리어 등 고정 비용을 적게 투자한 경우에는 언제라도 나갈 수 있게 1년 계약을 하는 것이 좋습니다. 반면 입지가 좋고 학원 인테리어 비용이 많이 들어간 경우에는 단기 퇴거 시 손해가 매우 크므로 상가 주인에게 협조를 구하여 최대한 장기 계약을 추진하는 것이 좋습니다.

Q. 현재 교습소를 운영 중인데 학원으로 확장하고 싶습니다.
복도 맞은편 빈 상가를 추가로 임차하여 학원으로 인가받을 수 있나요?

A. 교습소 운영 중 학원으로의 확장을 고려할 수 있습니다. 그런데 같은 건물에 학원 인가 가능한 면적의 상가가 없어 포기하는 사례가 있습니다.

이런 경우 방법이 있습니다. 같은 건물 내 상가 하나를 더 임차하는 것입니다. 두 상가가 같은 건물, 같은 층에 위치하면 교육청에서 합산 면적을 인정하여 학원 인가를 내 줍니다.(같은 층에 위치하지 않더라도 같은 건물 내에 있으면 인정해 주는 지역도 있습니다.) 즉, 현재의 교습소 면적과 새로 임차할 상가 면적의 합이 학원 인가 면적 기준을 충족시키면 학원 인가가 가능합니다.

단, 한 상가의 면적이 30제곱미터(약 10평)를 넘어야 합니다. 또한 인허가 부분은 관할 교육청마다 다를 수 있으니 반드시 관할 교육청에 사전에 확인하십시오.

Q. 현재 직장인입니다.
직장을 다니면서 공부방을 작게 운영하는 방법은 없을까요?

A. 현실적으로 어렵다고 봅니다.
공부방을 운영하려면 강의 외에도 다양한 부분에 많은 시간을 투자해야 합니다. 예를 들어 등록을 위한 학부모 상담의 경우, 직장 생활을 하면서 시간을 내어 소화하기는 쉽지 않을 것입니다.
그러나 퇴근 시간이 정확한 외국계 회사를 다니며 과외를 하면서 공부방이나 교습소 등을 준비하는 사례는 있습니다. 우선은 과외로 시작하실 것을 추천합니다.

Q. 주위에서 학원이 커야 경쟁력이 있다며 크게 학원을 차리라고 합니다.
맞는 건가요?

A. 시작부터 대형 면적으로 학원을 시작하는 것은 말리고 싶습니다.
과거와 달리 학원이 크다고 학생들이 몰려오지 않으며 리스크가 너무 크기 때문입니다.
직접 강의가 가능하다면 1인 학원인 공부방이나 교습소부터 시작하시고, 직접 강의가 불가능한 경우에는 인가 기준을 간신히 충족하는 보습 학원 규모부터 시작하실 것을 강력히 추천합니다. 확장은 이후에 생각하시면 되겠습니다.

Q. 학원 시설만 인수해서 창업하려 합니다. 주의해야 할 것이 있을까요?

A. 다음과 같은 부분을 반드시 점검하셔야 합니다.

1. 집기 상태

의외로 인수 후 문제가 많이 발생하는 부분입니다. 계약 전에는 쓸 만해 보였던 책걸상 등의 상태가 좋지 않은 경우입니다. 활용은 고사하고 폐기를 위한 수고 및 처리 비용만 발생합니다. 설치된 지 오래된 에어컨, 난방기 등은 기능에 문제가 있을 수 있습니다. 반드시 계약 전에 점검을 해야 합니다.

2. 등록증 상태

기존 학원이 퇴거하고 학원 시설만 되어 있는 빈 상가의 경우, 이전 학원의 학원 등록증 및 학원 사업자 등록증의 말소 상태를 알아보셔야 합니다. 이전 학원장이 폐원 처리를 하지 않았거나 사업자 등록증을 말소하지 않은 경우가 있는데, 그러면 새롭게 학원 인가를 낼 수 없습니다. 매우 난감한 상황이 되겠지요. 이 부분은 이전 학원장에게 협조를 구해야 합니다. 협조를 구하기 힘들면 계약을 포기하는 것이 좋습니다. 참으로 놓치기 쉬운 부분입니다.

반면, 기존 학원장에게 권리금을 주고 학원을 인수하는 경우에는 학원 등록증이 살아 있는 것이 유리합니다. 교육청 실사 없이(교육청에 신고한 학원 시설을 변경하지 않은 경우) 명의 변경으로 간단히 학원을 설립할 수 있기 때문입니다.

3. 상가 시설 상태

누수로 인해 문제가 생기는 경우가 종종 있습니다. 학원 인수 후 누수가 발생하면 정신적으로 크게 고통을 받습니다. 인테리어를 모두 망치고 책이 젖을 수도 있습니다. 원서 수업을 하는 학원이라면 수천만 원대의 막대한 손실이 발생할 수 있는 것입니다.

그러므로 계약 전 이를 반드시 확인해야 하며, 계약서에 '누수 발생 시 상가 주인 또는 매도한 학원장이 모든 책임을 진다'는 내용을 상가 주인이나 매도 학원장에게 서면으로 보증받아야 합니다.

불법으로 시설을 변경했는지도 확인해야 합니다. 이는 건축물대장으로 확인이 가능합니다. 건축물대장과 다른 시설이 있다면 이는 불법 건축물이며, 불법 건축물이 있을 시 교육청에서 학원 인가를 내 주지 않습니다. 이를 건축물대장과 동일하게 원상 복구한 후에는 학원 인가가 가능합니다. 원상 복구 시 당연히 비용이 발생하며, 공간 활용에 상당한 불이익이 발생할 수 있습니다.

4. 미지급 급여 및 행정 처분 파악(명의 변경의 경우)

명의 변경으로 학원을 인수한 경우, 이전에 근무했던 강사나 직원 등에 대한 미지급 급여가 있으면 인수한 학원장에게 그대로 이관됩니다. 과태료, 벌점 등도 이관되니 교육청의 행정 처분 여부도 확인해야 합니다.

만일 문제가 있을 경우, 이전 학원장에게 폐원을 요구하고 명의 변경 대신 학원 신설로 방향을 바꿔야 합니다.

5. 저당 금액 확인

상가는 보통 대출이 설정되어 있습니다. 과도한 금액이 대출되어 있는 경우에는 경매에 넘어가 학원 보증금을 손해 볼 수도 있습니다. 실제로 학원 상가가 경매 처리되어 보증금을 돌려받지 못한 사례가 적지 않게 있었습니다. 대출 여부 및 대출 금액은 등기부 등본을 통해 손쉽게 확인할 수 있으니 계약 전 반드시 확인하십시오.

6. 시설물 소유권 확인

실제 발생한 사례입니다. 빈 상가에 TV 모니터와 에어컨이 설치되어 있었고 전 임차인(학원장)은 이를 두고 퇴거했었습니다. 그런데 몇 개월 뒤, 전 임차인이 다시 찾아와 그 물건들의 소유권을 주장한 것입니다. 이런 경우 복잡한 상황에 휘말려 극심한 스트레스를 받게 됩니다.

이러한 불상사를 막기 위해서는 임대차 계약 시 특약을 넣어야 합니다. 입주하는 건물 내 시설물과 집기류를 그대로 사용하게 될 경우, 현재 시설물 및 집기에 대한 모든 법적 책임은 상가 주인에게 있다는 내용의 특약을 추가하는 것입니다.

Q. 잘되고 있는 학원을 인수하려 합니다. 그런데 주위에서 말립니다. 반대하는 특별한 이유가 있나요?

A. 잘되는 학원임에도 학원 권리금이 낮다면 인수를 말릴 이유가 없습니다. 그러나 수익이 높은 잘되는 학원은 그만큼 권리금이 높게 책정됩니다.

한 예로, 타 업종에서 일하다가 학원 사업을 막 시작한 한 학원장은 인수 당시 2억여 원을 권리금으로 지불했는데, 10년 후 매각할 때는 2천만 원만 받을 수 있었습니다. 퇴직금 모두를 쏟아부어 청운의 꿈을 안고 인수한 학원이었습니다. 학생 수가 줄어든 것도 아니었습니다. 학원 시장 상황이 변했을 뿐이었습니다. 10년 동안 아끼고 잠 안자며 학원을 운영했으나 돈도 벌지 못하고 상당한 금액의 권리금도 손해를 봤습니다.

학원 권리금이 3,000만 원을 넘어가면 인수를 권장하고 싶지 않습니다. 권리금 1,000만 원을 넘지 않는 학원이 적당한 인수 대상이리고 봅니다. 많은 권리금을 주고 학원을 인수했는데 학생들이 빠져나가거나 학원 상황이 악화되면 정신적인 충격이 매우 큽니다. 극복하기 쉽지 않습니다.

학원 사업은 일반 사업과는 다릅니다. 일반 사업은 사업장의 입지가 사업 성공에 매우 중요한 요소입니다. 누가 운영하느냐보다 입지가 더 중요할 수 있습니다. 그러나 학원은 입지보다 누가 학원을 운영하느냐가 훨씬 중요합니다. 그러므로 현재의 순이익을 토대로 평가한 권리금은 큰 의미가 없습니다.

또한, 학원 임대료와 관리비가 비싼 학원은 인수하지 마십시오. 강사 급여가 높은 학원도 인수 대상이 되어서는 안 됩니다. 비용 구조가 높은 학원은 일순간에 학원 상황이 나빠질 수 있기 때문입니다.

Q. 마음에 드는 상가가 있는데 창문이 없습니다.
창문이 없으면 불편할까요?

A. 학원은 학생들이 공부하는 곳으로서 최적의 환경을 유지해야 합니다. 환기가 되지 않으면 산소가 부족해 학생들의 집중력이 떨어집니다. 강의하는 선생님의 집중력도 마찬가지입니다. 환풍기를 설치하는 방법이 있으나 자연 환기만큼의 공기 정화 역할은 절대로 하지 못합니다. 창문이 없는 상가는 학원에 매우 적합하지 않습니다.

Q. 간판에 학원 전화번호를 휴대폰 번호로 해도 괜찮을까요?

A. 학원 규모라면 아무래도 일반 유선 전화번호가 바람직합니다. 그러나 교습소의 경우에는 휴대폰 번호를 표기하는 곳도 드물지 않게 볼 수 있습니다. 다만, 사생활이 노출될 수 있으니 학원 전용 휴대폰을 별도로 사용하시는 것이 좋겠습니다.

Q. 나이가 많아서 창업을 주저하고 있습니다.

A. 이제는 나이에 대한 사회적 관념이 많이 바뀌었습니다. 정신이 늙지 않고 건강하다면 언제라도 창업이 가능합니다. 학원 경험이 있

으면 60대에도 창업이 가능하다고 봅니다. 실제로 60대 중반에 공부방을 창업하시는 분도 뵈었습니다. 학원을 처음 시작하는 경우, 60대 초반까지는 시작하셔도 괜찮다고 생각합니다. 이후는 학원장의 능력입니다.

Q. 현재 학원에서 강사로 근무 중입니다. 강사로 근무하면서 공부방 창업이 가능한가요?

A. 네, 법적으로 가능합니다. 교육청에 강사 신고와 개인 과외 교습을 모두 신청하시면 됩니다. 다만, 관할 교육청에 따라 불가할 수 있으니 가능 여부를 반드시 먼저 확인하셔야 합니다.

Q. 주택가 1층에 학원을 창업하는 것은 어떤가요?

A. 일반적으로 학원은 세대가 집중되어 있는 아파트 주변에 많이 창업합니다. 아파트 주변은 보통 임대료가 비싸 1층에 창업하는 경우는 흔치 않고요.
그러나 지방 외곽이나 수도권 변두리 지역의 경우에는 연립 주택 등 주택가 1층에도 많이 창업합니다. 1층이라도 주택가 상가는 임대료가 저렴한 경우가 많기 때문입니다.
1층은 접근성이 좋아 학교와 멀지 않은 곳이라면 충분히 승산이 있습니다. 공동 관리비도 거의 나오지 않아 비용 절감이라는 큰 장점도 있습니다.

Q. 법인도 학원 설립이 가능한가요?

A. 네, 법인도 학원 설립이 가능합니다. 그러나 1인 학원인 교습소, 개인 과외 교습(공부방)은 불가합니다.

Q. 원룸에서도 공부방 창업이 가능한가요? 아파트만 가능한 거 아닌가요?

A. 네, 주거지로 되어 있는 원룸은 법적으로 인가 가능합니다.

Q. 경쟁 학원보다 수강료를 높게 받고 싶습니다. 현실적으로 가능할까요?

A. 우리 학원만의 차별화된 교육을 꾸준히 제공할 수 있다면 충분히 가능합니다. 실제로 처음부터 경쟁 학원보다 높은 수강료를 받으면서도 잘되는 개인 브랜드 학원들을 어렵지 않게 볼 수 있습니다. 개원 시 수강료 책정에 있어 경쟁 학원의 수강료는 중요한 기준이 되지만 절대적인 기준은 아닙니다.

2. 운영 Q&A

Q. 현재 프랜차이즈 계약 중입니다.
계약을 해지하고 싶은데 절차가 어떻게 되나요?

A. 계약 기간 만료로 자연스럽게 해지하는 것이 가장 좋습니다. 그러나 여러 이유로 계약 기간 중에 해지를 원하신다면 우선 가맹 계약서를 반드시 확인하셔야 합니다.

가맹 계약서에 해지에 따른 별도의 내용이 없다면 괜찮지만, 업체에 따라서는 해지 시 위약금 규정이 있는 곳이 있습니다. 이런 부분을 꼼꼼히 확인하신 후 해지 절차를 밟으셔야 합니다.

해지 통보는 이메일이나 문자로도 법적인 효력이 있습니다. 다만, 최소 2개월 전에는 프랜차이즈 본사나 지사에 알리는 것이 좋습니다.

Q. 현재 임신 중입니다. 교습소 운영을 다른 분에게 일시적으로 맡길 수 있는 방법이 있나요?

A. 네, 가능합니다. 임신의 경우에는 사유를 인정받아 관할 교육청에 신고하면 합법적으로 타인이 일시적으로 강의할 수 있습니다. 단, 임시 강사 또한 교습 자격을 충족시키는 분이어야 합니다. 2년제

대학 이상 졸업자나 2년 이상 재학한 대학 중퇴자라면 특별한 결격 사유가 없는 한 교습소 운영이 가능합니다.

Q. 오전 시간을 활용해서 주부반을 운영하면 어떨까요?

A. 주니어 학원은 오후부터 강의가 시작되니 오전 시간을 활용하여 주부반을 운영하려고 생각하는 경우가 많습니다. 보통 주부반은 학원 홍보 목적으로 저가의 수강료로 개설합니다. 또는 재능 기부로 교재비만 받고 운영하기도 합니다.

그러나 이런 경우 몇 개월 만에 폐강되는 것이 보통입니다. 주부들은 학업 외의 일로 바빠서 결석이 많고, 학습 동기도 약하기 때문에 학습 지속성이 매우 낮습니다. 저렴한 수강료도 출석 동기를 약하게 하는 요소이고요. 이런 이유로 주부반은 추천하지 않습니다. 다만, 오히려 고가의 수강료로 운영한다면 지속 가능성이 있다고 봅니다.

Q. 막 개원한 중고등 전문 학원인데 늘 못하는 아이들만 옵니다. 가르치기 너무 힘들고 학원 이미지가 나빠질까 봐 걱정됩니다. 이런 아이들을 받아야 하나요?

A. 학부모 입장에서 생각해 보겠습니다. 아직 검증되지 않은 신생 학

원에 상위권 중고등 자녀를 선뜻 보낼 수 있을까요? 내신이 중요한 고등학생이라면 불안함이 더욱 큽니다. 당연히 신생 학원에는 내신 성적이 나오지 않아 이 학원 저 학원을 옮겨 다니는 하위권 학생들이 주로 오게 되어 있습니다. 하위권 학생을 받지 않는다면 신생 학원은 받을 수 있는 학생이 거의 없다는 의미입니다.

학원 초창기에는 생존이 가장 중요합니다. 찬밥 더운밥 가릴 상황이 아닙니다. 하위권 학생들로 생존하시면서 차츰 인지도를 높여 중상위 학생 모집을 도모해야 합니다. 1년 이상은 이런 과정을 거치셔야 합니다.

Q. 퇴원한 학생인데 다시 오고 싶다고 합니다. 지인 원장님 말씀을 들으니 다시 온 학생들은 금방 다시 나간다고 하던데, 받아야 할까요?

A. 퇴원한 학생이 다시 입학하는 경우, 단기간 내에 다시 퇴원할 가능성이 크긴 합니다. 특히 퇴원할 때 사전 연락 없이 무단으로 퇴원한 경우에는 재입학 시 무단 퇴원이 재발할 가능성이 매우 높습니다. 그러나 의외로 다시 돌아와 장기 수강하는 사례도 많으니 학원장의 운영 정책에 따라 결정하시면 된다고 봅니다.

가장 중요한 것은 퇴원할 때의 과정이겠습니다. 아름다운 이별을 한 학생이라면 마다할 이유가 없습니다.

Q. 초등부는 이벤트를 잘해야 한다는데 저는 못합니다. 체질적으로 이벤트 못하는 저는 초등부 잘할 수 없는 건가요?

A. 성공적인 초등부 운영을 위해서는 이벤트가 중요한 것이 맞습니다. 그러나 그보다 학원의 색깔이 중요합니다. 재미보다 학습을 강조하는 학원이라면 이벤트를 잘하지 못해도 초등부 학원 운영에 지장이 없다고 봅니다.
다만, 학원의 콘셉트가 입학 전 학생과 학부모에게 충분히 인지되는 것이 중요합니다.

Q. 강의실 내 CCTV 설치를 강사가 반대합니다. 어떻게 해야 하나요?

A. 강사 입장에서는 개인의 강의가 노출되니 유쾌하지 않을 수 있습니다. 그러나 cctv는 도난 사고나 향후 법적인 다툼에 대비하는 등 다양한 이유로 설치하는 것이 좋습니다. 강사에게 이런 이유를 설명해 주면서 설득하셔야 합니다. 가장 이상적인 방법은 강사 면접 시 이를 고지하는 것입니다.

Q. 초등부를 프랜차이즈 없이 운영할 수 있을까요?

A. 초등부가 중고등부에 비해 프랜차이즈의 도움이 더 필요하기는

합니다. 초등부 커리큘럼 세팅이 상당히 어렵기 때문입니다. 그러나 최근에는 초등부를 겨냥한 양질의 시중 교재와 온라인 콘텐츠가 많이 있습니다. 이를 적절히 활용하시면 자신만의 커리큘럼을 만들 수 있습니다.

다만, 프랜차이즈로 운영하는 것보다 시간과 노력이 훨씬 많이 들어갑니다. 강의 경험이 많더라도 최소한 3개월 이상의 집중적인 고민과 연구가 있어야만 자신만의 커리큘럼을 만들 수 있습니다. 이후에도 지속적으로 수정하면서 업데이트해 나가야 합니다.

Q. 중고등부를 가르치고 있는데, 학교마다 교과서가 달라 시험 대비 때 너무 힘듭니다.

A. 강의식으로 중고등부 수업을 하다 보면 당면할 수밖에 없는 어려움입니다. 시험 대비 때는 교과서별로 반을 나누어 시험 대비를 해야 하는데, 현실적으로 시간표 짜기도 쉽지 않고 체력적으로도 감당하기 어렵습니다. 이것은 강의 시스템을 강의식에서 자기 주도식으로 전환해야만 해결된다고 봅니다.

자기 주도식 수업에 거부감이 있는 선생님이나 학부모님들이 간혹 있으나 최근에는 인식이 많이 바뀌었습니다. 특히, 시중에서 자기 주도식 수업이 가능한 좋은 분석지와 문제들을 구입할 수 있고, 온라인 콘텐츠도 활용할 수 있어 학생들 지도에 부족함이 없습니다. 오히려 강의식 수업보다 좋은 결과를 내기도 합니다. 또한, 선생님의 체력 소모도 줄이고 목도 보호할 수 있으니 자기 주도식 수업으로의 전환을 권장합니다.

단번에 전체적으로 전환하는 것은 어려울 수 있으니 조금씩 바꿔 나가셔도 괜찮습니다.

Q. 중고등부 프랜차이즈를 추천해 주실 수 있나요?

A. 초등부만 강의한 원장님들께 들을 수 있는 질문입니다. 초등부와 달리 중고등부 영어 프랜차이즈는 존재하지 않습니다. 중고등부 대상으로는 수익성이 없기 때문입니다.

중고등부는 쉽게 구입할 수 있는 시중 교재와 분석지, 적절한 온라인 콘텐츠로 어렵지 않게 학원의 커리큘럼을 구성할 수 있습니다.

Q. 시험 대비 때만 듣겠다는 학생이 있습니다. 허락해야 할까요?

A. 추천하고 싶지 않습니다. 기존 학생들에게 영향을 주어 퇴원이 늘어날 수 있기 때문입니다.

Q. 상가 주인이 임대료 금액에 대한 세금계산서 발행을 거부합니다.

A. 간혹 관행상 세금계산서를 발행하지 않는다고 하거나, 임대료를 깎아 주겠다며 세금계산서 발행을 거부하는 상가 주인들이 있습니다. 또는 금액을 줄여 발행해 주겠다는 경우도 있습니다.

학원 입장에서는 부가세를 납부하지 않아도 된다는 유혹이 생길 수 있습니다. 그러나 엄연한 불법으로 탈세 행위입니다. 세금계산서는 정확한 금액을 발급받아 신고하셔야 합니다.

Q. 학원은 면세사업자라고 들었습니다.
면세사업자니 세금을 안 내는 거죠?

A. 의외로 많은 초보 원장님들께 받은 질문입니다. 면세사업자의 의미는 '부가가치세를 내지 않는다'는 것입니다. 학원 수강료에는 음식점 등과 달리 10%의 부가가치세가 부과되지 않습니다. 부가가치세 부과 시 수강료가 인상되어 사교육비가 늘어날 것을 우려하여 국가에서 배려해 준 것입니다.

즉, 면세사업자인 학원(교습소, 공부방 포함)은 부가가치세는 납부하지 않으나 5월에 종합소득세는 반드시 납부해야 합니다.

Q. 대부분의 공부방은 주 5회 이상 운영하는 것으로 알고 있습니다. 저는 주 4회만 운영하고 싶은데 4일만 하는 공부방이 있을까요?

A. 최근에는 주 4회만 수업하는 곳을 적지 않게 볼 수 있습니다. 임대료 등 경비 부담이 큰 학원에서는 드문 경우이고, 교습소나 공부방에서 많이 볼 수 있습니다.

주 4일만 운영하는 경우, 개인적으로 월·화·수·목 운영보다는 월·화·목·금 운영을 추천합니다. 월·화·수·목 운영의 경우에는 여행 등 여가 활동을 하기에는 좋으나 월요일 수업이 힘들 수 있기 때문입니다.

반면 월·화·목·금 운영의 경우에는 수요일에 쉴 수 있어 중간에 재충전이 가능하고 밀린 학원 일도 해결할 수 있기 때문에 효율적이라고 봅니다.

Q. 정성스럽게 학생들을 가르쳐 실력을 올려 놓으면 퇴원해서 대형 어학원으로 옮깁니다. 배신감에 너무 힘듭니다.

A. 이런 경우에 배신감을 느껴 스트레스를 받거나 회의감이 들면 동네 학원 하기 힘듭니다. 사람들이 병원 선택할 때를 생각해 보세요. 작은 병에는 동네 병원을 가지만 증세가 심각한 것 같으면 종합 병원을 선택하지 않나요? 쉽게 방문할 수 있는 동네 병원을 제쳐 두고 수개월을 기다려서라도 종합 병원을 선택하는 것이 사람들의 심리입니다.

동네 학원이 아닌 대형 학원을 선택하는 이유도 마찬가지 심리일 것입니다. 실력이 어느 정도 오르면 대형 어학원이 자녀를 더 잘 이끌어 줄 수 있을 것으로 생각합니다. 현실을 받아들이시는 것이 중요합니다.

동네 학원만의 강점을 살리는 차별화 전략도 중요합니다. 예를 들어, 대형 학원이 하기 힘든 내신 대비를 강화하는 것 등입니다.

Q. 수강료 납입 날짜는 학생 모두 동일한 것이 좋을까요?

A. 수강료 납입일이 학생마다 다르면 학원 입장에서는 그만큼 관리가 복잡해지고 일이 많아지게 됩니다. 학생이 많지 않을 때는 그나마 가능하지만 학생이 많아지면 굉장히 번거로운 일입니다. 강의가 아닌 행정 업무에 시간을 많이 뺏기는 것은 바람직하지 않습니다. 매달 말일이나 1일로 수강료 납입일을 통일하는 것을 추천합니다. 말일이나 1일로 정한 이유는 학부모님들이 쉽게 기억하여 수강료 납입 일자를 잊어버리는 것을 막을 수 있기 때문입니다.

다만, 이렇게 날짜를 통일할 경우에는 퇴원생이 몰려서 발생할 수 있는 단점이 있기는 합니다. 보통 수강료 납입 직전에 퇴원이 발생하기 때문입니다. 그럼에도 일자를 통일하는 것이 좋습니다. 월급 받는 느낌도 들 것입니다.

Q. 대기생이 있는 상태에서 휴원생이 발생했습니다. 자리를 비워 둬야 하나요? 휴원은 사실상 퇴원인 경우가 종종 있어 고민입니다.

A. 흔히 발생하는 경우입니다. 잠시 쉬겠다는 학생이 정말로 잠시 쉬는 휴원생일 수도 있으나, 실제로는 학부모가 미안한 마음에 알리지 않은 퇴원생일 수 있기 때문입니다.

가장 확실한 방법은 휴원생에 대한 학원 정책을 정하고 입학 상담 시 학부모님께 이를 알리는 것입니다. 예를 들어, 15일이나 1개월 이상 휴원 시 퇴원으로 간주하여 타 수강생을 받을 수 있다는 정책을 정하고 공지하면 되겠습니다.

Q. 등록 전 시범 강의를 원하시는 학부모가 있습니다. 꼭 해야 하나요?

A. 학부모 입장에서는 시범 강의를 통하여 학원의 강의력을 평가하고 싶은 마음이 있을 수 있습니다. 실제로 적극적인 시범 강의를 통하여 학생을 모집하는 학원도 있습니다. 그러나 한 번의 시범 강의 참관으로 학부모가 학원의 강의력을 정확히 판단할 수 있을지는 의문입니다.

중요한 것은 학원장의 학원 운영 정책입니다. 내키지 않는다면 하지 않으시면 됩니다. 동영상 강의, 학부모 평판 등 다른 방법으로 학원의 강의력을 증명하시면 됩니다.

Q. 공부방을 운영하고 있는데 남편 등 가족의 눈치가 너무 보입니다.

A. 가족의 반대가 있어 눈치를 보게 되면 마음이 위축되어 정상적인 공부방 운영이 어렵습니다. 우선은 가족을 설득해 보시고, 여의치 않으면 다른 방법을 강구하셔야 합니다. 인근 상가에 교습소를 설립하거나 공부방 전용으로 아파트를 임차하는 방법 등이 있습니다.

Q. 1:1 과외인데 말 없는 학생이라 너무 힘듭니다.

A. 가장 가르치기 힘든 학생이 말 없고 반응 없는 학생이라고 봅니다. 학생의 성향이라 개선될 수 있는 부분도 아닙니다. 이런 학생을 1:1로 지도하는 것은 큰 스트레스를 유발합니다. 다수가 함께 공부하는 그룹 클래스로 재편성하는 것이 바람직합니다.

Q. 정원을 늘리고 싶으나 학부모의 반발이 두렵습니다.

A. 학원을 개원할 때는 약자의 입장이라 정원을 최대한 적게 책정하는 경우가 많습니다. 소수의 정원으로 타 학원과의 경쟁 우위를 확보하기 위한 전략입니다. 그러나 이는 학원이 성장하면서 계속 학원의 발목을 잡게 됩니다. 대기생이 발생하게 되면 정원에 대한 아쉬움이 생겨날 수밖에 없습니다.

약속한 정원을 지키는 것이 바람직하나 학원 운영에 의욕을 잃을 정도의 장애 요인이 된다면 학부모님께 양해를 구하고 증원하는 것이 좋습니다. 그리고 이에 따른 학부모 반발과 이미지 추락이 발생한다면 감당해야 합니다. 비난은 받아들여야 하며, 대신 더 좋은 교육으로 이를 만회해야 합니다.

정원은 중간에 늘리기 어려우니 개원 시 지나친 소수 정원 설정은 피해야 합니다. 1~2명은 학원장 판단에 의해 추가로 수용할 수 있는 탄력정원제를 실시하는 것을 추천합니다.

Q. 강사가 맘에 들지 않습니다. 그대로 참고 함께 가야 하나요?

A. 어쩌면 학원 운영에서 가장 어려운 부분이 강사와 함께하는 것입니다. 일단, 오너처럼 일하는 강사는 거의 없다고 보셔야 합니다. 간혹 그런 강사를 볼 수 있으나 매우 특별한 분들입니다. '내가 강사일 때는 그러지 않았는데' 라는 식의 사고도 매우 위험합니다. 사실 강사 급여 수준을 감안하면 무리한 기대를 할 수 없는 것이 현실이기도 합니다. 될 수 있으면 기대 수준을 낮추시는 것이 좋습니다.

다만, 지각이나 결석이 잦은 등 근무의 기본인 근태가 좋지 않은 강사와는 함께 갈 수 없다고 생각합니다.

Q. 강사 생활을 오래 해서 강의는 자신 있는데 운영은 자신이 없습니다. 그래도 성공적으로 학원을 창업할 수 있을까요?

A. 약점을 의식하지 말고 강점에 집중하시는 것이 좋겠습니다. 강사 출신 중 운영에 자신 있다는 분은 거의 없습니다. 특히 학부모 상담과 홍보를 어려워하며 세무, 컴퓨터 활용은 더더욱 어려워합니다. 그러나 학원 운영의 핵심은 강의입니다. 강의력이 좋으면 학원은 강해질 수 있습니다. 특히 학원 홍보는 특별한 것이 없으며, 학부모 상담 등 관리적인 부분은 학원 운영 연차가 늘어나며 자연스럽게 실력이 향상될 수 있습니다. 세무는 세무사 사무실 등 외부 전문가에게 맡기는 것이 생산적입니다.

단, 최근 영어학원 추세를 보면 컴퓨터 활용 능력은 매우 중요합니다. 시간을 투자하여 IT 지식과 친해지시는 것이 좋겠습니다.

Q. 요즘 영어학원을 보면 전자 칠판을 활용하는 모습이 많이 보이더군요. 전자 칠판이 강의에 도움이 되나요?

A. 최근 영어 강의는 IT 활용 비중이 매우 커졌습니다. 전자 칠판은 학생들의 흥미를 유발할 뿐만 아니라, 선생님 입장에서도 업무 효율 및 강의 활용도를 높여 주어 수업에 많은 도움이 됩니다. 특히 초등부 학생들의 만족도가 매우 높습니다. 금액이 만만치 않아 부담스러울 수 있지만 구입을 권장합니다.

Q. 수강료 미입금 시, 어느 정도 지나서 학부모님께 연락드리는 것이 좋을까요?

A. 미입금 시 너무 빨리 연락하면 학부모 입장에서 야속한 마음이 들수 있기 때문에 5일은 지나서 연락하는 것이 좋다고 봅니다. 내용도 특정 학생을 지칭하기보다는 전체 안내 문자의 형식을 취하는 것이 좋습니다. 즉, 개인적인 성격이 아닌 매우 업무적인 성격의 문자를 보내는 것입니다.

Q. 블로그 전문 업체에 학원 블로그 제작을 맡기는 것이 좋을까요?

A. 블로그는 꾸준한 포스팅이 가장 중요합니다. 꾸준한 포스팅은 학원만이 할 수 있습니다. 외부 업체에 의뢰를 한다면 블로그 디자인에 국한되어야 합니다.
블로그를 학원 업무의 선택적 사항이 아닌 학원의 루틴 업무라고 생각하셨으면 합니다. 꾸준한 블로그 활동은 학원 홍보에 상당한 도움이 될 것입니다.

Q. 초중등 전문 학원입니다. 초등부는 성공적으로 모집하였으나 중등부 학생 모집은 쉽지 않네요. 어떤 방법이 있을까요?

A. 중학생 입장에서 생각해 보겠습니다. 영어학원 선택 시 초중등 전문 학원을 선택할까요, 중고등 전문 학원을 선택할까요? 당연히 중고등 전문 학원을 선택할 것입니다. 중학생은 입시를 생각하기

때문입니다.

초중등 학원은 초등부 학생들이 성장하면서 중등부가 활성화되는 것이 일반적입니다. 초등부 학생들이 중등부로 성장해야 하니 시간이 걸립니다. 이를 감안하시어 성급한 결론을 내리거나 초조해하지 않으셔야 합니다.

Q. 홍보지를 만들려고 하는데 디자인이 너무 어렵습니다.

A. 최근에는 홍보 시안을 제공하는 온라인 업체들이 있습니다. 제공되는 시안에 글 첨가나 수정도 가능하니 이를 이용하여 전문가 수준의 멋진 홍보지를 만드실 수 있습니다.

Q. 형제가 레벨이 비슷합니다. 한 반에 넣어도 괜찮을까요?

A. 형제가 같은 반에서 수업을 하면 큰 아이의 자존심에 상처가 될 수 있습니다. 이는 바람직한 성장 과정이 아니라고 봅니다. 레벨이 비슷하더라도 형제는 무조건 다른 반에 배정하여야 합니다.

Q. 주위에 대형 어학원이 들어옵니다. 너무 두렵습니다.

A. 대형 어학원이 주위에 들어오면 두렵지 않을 수 없습니다. 두려움이 심한 원장님은 학원 매각을 고려하기도 합니다.

그러나 대형 어학원이 개설되었다고 해서 동네 학원 학생들의 이동이 많지는 않습니다. 대형 어학원은 장점도 많지만 약점도 많기 때문입니다. 예를 들어, 차량 운행 시간이 길고, 한 클래스에 인원이 많고, 학생 개인별 관리가 꼼꼼하지 못하다는 것이 대표적인 약점입니다.

그러므로 대형 어학원이 하지 못하는 차별화된 운영을 하시면 충분히 위기를 극복하실 수 있습니다. 보다 꼼꼼한 학생 관리, 정기적인 학부모 간담회, 쿠킹 클래스 등 이벤트 개최, 대형 어학원의 약점인 학교별 내신 대비 등을 예로 들 수 있습니다.

Q. 지인 자녀가 입학을 원합니다. 그러나 향후 지인과 갈등이 발생할 수 있다고 동료 학원장에게 들었습니다. 지인의 자녀, 받아야 하나요?

A. 지인의 자녀는 여러 가지로 신경이 쓰입니다. 지인이 특별히 기대하는 것이 있을 수 있기 때문입니다. 특히 학생이 집에 가서 학원에 대한 이런저런 불만을 털어놓으면 지인인 학부모는 섭섭함에 더욱 분노하기 쉽습니다. 따라서 학원을 막 시작하는 시기가 아니라면 지인 자녀는 받지 않는 것이 좋다고 생각합니다.

Q. 교육청에서 학원장 교육을 받으라는 통보를 받았습니다. 꼭 가야 하나요?

A. 학원과 교습소는 교육청 관할 정기 교육에 반드시 참석해야 합니다. 한 번 정도는 불참해도 기회가 다시 있습니다만, 연속 불참 시 인가가 취소될 수 있습니다.
그러나 다음번에 교육 장소가 더 먼 곳으로 정해질 수 있고, 또 다시 불참해야 하는 급박한 상황이 생길 수도 있으니 첫 번째 교육에 참석하시는 것이 가장 좋겠습니다.

Q. 랩실을 꾸미려 합니다. 책상은 반드시 독서실 책상으로 해야 하나요? 독서실 책상으로 할 경우 공간을 너무 많이 차지해서 개방형 책상도 생각 중인데 소음이 우려됩니다.

A. 현장을 보면 독서실 책상도 많이 사용하지만 완전히 오픈되어 있는 개방형 테이블도 많이 사용합니다. 개방형일 경우 아무래도 공간을 많이 차지하지 않아 학원 운영에 이로움이 있습니다.
소음이 조금 우려될 수 있으나 랩실에서는 보통 이어폰을 착용하고 수업을 들으니 크게 지장이 없습니다.

Q. 학원을 매각하고 싶습니다. 어디에 알려야 하나요?

A. 학원을 매각하는 방법은 두 가지로, 직거래하는 방법과 중개인에게 의뢰하는 방법이 있습니다.

직거래는 보통 학원장이 많이 가입되어 있는 인터넷 카페나 학원 전문 사이트 등 온라인을 활용합니다. 직거래 시 중개 수수료가 없다는 큰 장점이 있으나 찔러보기식의 연락이 많아 피곤할 수 있습니다. 특히, 수업을 하는 학원장의 경우라면 피곤함이 더욱 큽니다. 이런 이유로 학원 컨설팅 회사에 의뢰하기도 하는데, 이런 경우에는 비용 부담이 클 수 있습니다. 부동산 중개 수수료가 아닌 컨설팅 비용을 지불하는 것이므로 수수료에 법적인 제한이 없기 때문입니다.

동네 부동산 사무실에도 의뢰할 수 있으나 이런 경우 동네에 소문이 퍼져 학생들의 동요와 퇴원이 발생할 수 있으니 주의하셔야 합니다.

직거래를 우선 시도해 보시고 매각이 안 되는 경우에 학원 컨설팅 회사에 의뢰하는 방법을 추천합니다.

◆

'강한 영어학원 만들기(강영만)' 카페에 대하여

영어학원장, 예비 영어학원 창업자들에게 창업과 운영의 올바른 길을 알려 주는 등대가 되고자 하는 마음으로 2016년 11월 30일 개설된 '강한 영어학원 만들기' 카페(이하 강영만)는 발전을 거듭하여 국내 최대 영어학원장 커뮤니티&플랫폼으로 성장했습니다.

회원 대부분이 영어 공부방, 영어 교습소, 영어학원을 운영하는 원장과 강사로 구성되어 동질감이 강하며, 많은 회원들이 활발한 카페 활동을 하는 것이 큰 특징입니다.

또한 강영만에서 원장님과 강사분들을 대상으로 신행하는 각종 세미나와 온라인 영어 콘텐츠는 그 탁월함을 인정받고 있다고 감히 말씀드릴 수 있습니다. 이러한 이유로 나만 알고 싶은 카페, 혹은 나와 멀리 떨어진 지역에 있는 학원장에게만 소개해 주는 카페가 되었을 것입니다.

200자 이상의 자기소개와 15개의 필수 공지 사항 확인 과정을 거친 후에만 정회원 승급이 가능하니 승급 과정이 결코 쉽지는 않습니다. 이 과정이 번거로워 승급을 미루거나 포기하는 경우도 실제로 상당히 많습니다. 그러나 이는 눈팅만 하거나 Give는 하지 않고 오직 Take만 하는, 카페에 전혀 도움이 되지 않고 사기를 저하시키는 얌체족이나 예의 없는 회원을 걸러내기 위해 꼭 필요한 승급 규정입니다.

승급 후에도 동료 회원들을 불편하게 하거나 예의에 어긋나는 활동을 하는 회원은 가차 없이 강제 퇴장시키는 등 선량한 회원들이 마음 편하게 활동할 수 있으며 학원 운영에 필요한 노하우를 공유할 수 있는 공간을 만들기 위해 최선을 다하고 있습니다.

아마도 이런 부분을 회원분들이 높이 평가하여 카페 개설 후 5년도 되지 않아 회원 수 1만 명을 돌파할 수 있었던 것이라 생각합니다. 영어 단일 과목의 학원장, 강사만으로 구성된 커뮤니티임을 감안하면 결코 작지 않은 규모의 카페입니다.

강영만 카페의 핵심 가치는 다음과 같습니다.

1. 인적 커뮤니티

단순히 자료만 공유하고 얼굴 한번 볼 일 없는 온라인 커뮤니티가 아닌, 사람 냄새 나는 오프라인 커뮤니티를 지향합니다. 직접 만나고, 소통하고, 동료가 될 수 있습니다. 동일 직업의 동료라는 큰 재산을 얻는 공간입니다.

2. 공유

영어학원 창업 및 운영에 관련된 노하우와 영어 자료 등 모든 것을 공유합니다. 강영만 카페는 혼자만 소유하는 것이 아니라 함께 성장하기 위한 공유의 장입니다.

3. Give & Take 문화

Give & Take의 균형을 추구합니다. Take만 하는 얌체족이 늘어나면

Give 문화는 사라집니다. 이를 위하여 철저히 회원을 관리합니다. 회원들 간의 예의를 중시하며, 게시글 하나하나 관리하여 모든 글이 읽을 만한 가치가 있도록 합니다.

Give는 대단한 노하우나 자료를 말하는 것이 아닙니다. 다른 회원의 글에 관심을 두고 격려의 댓글을 쓰는 일, 작은 정보라도 회원들을 위해 공유하는 일이 모두 Give입니다.

4. 연결

강영만 카페는 영어학원장 커뮤니티이면서 교육 비즈니스 플랫폼입니다. 영어 비즈니스와 관련된 모든 것을 연결합니다. 현재는 영어 학원 운영에 도움이 되는 각종 세미나로 인적 연결을 하고, 영어 콘텐츠를 공급하는 플랫폼 역할을 하고 있습니다. 앞으로도 강영만 카페가 우리나라 대표 교육 비즈니스 플랫폼으로서 많은 역할을 할 수 있을 것이라 기대하고 있습니다.

5. 개방성

강영만 카페는 끼리끼리 문화를 지양합니다. 나이가 많다고, 나이가 적다고, 신입이라고, 지역이 다르다고 차별하지 않습니다. 진정성을 가진 회원에게는 늘 문을 활짝 열어 놓습니다.

강영만은 앞으로도 강한 영어 공부방, 영어 교습소, 영어학원을 창업하고 성장시키기 위한 등대의 역할을 할 것이며, 대한민국 대표 규모로 카페가 커진 만큼 보다 큰 책임감을 느끼며 우리나라 영어 교육에 좋은 영향력을 끼치는 곳이 되기 위해 초심을 잃지 않고 계속 정진할 것입니다.

'**강한 영어학원 만들기**' 카페에서 영어 학원 운영에 관한
다양한 정보를 공유해 보세요.

https://cafe.naver.com/strongeacademy